＼誰も知らなかった／

ラーメン店投資家になって成功する方法

藏本 猛Jr
ラーメンプロデューサー
国際ラーメン協会 代表

合同フォレスト

まえがき

● なぜ私のラーメン店は「食べログ1位」になったのか？

外出して、ラーメン店を見ない日はない、というほど、日本人はラーメンが好きです。

店の前に行列ができている光景を見ることも少なくありません。

もし、そのような人気のお店が、実はあなたのお店だったらどうでしょうか。その行列は、今とはまったく違った光景に見えてくるに違いありません。

その**お店の人気が高まるほど、あなたの収入も増える**のです。

そのようなことがあるわけがない、と思われましたか？

いえ、多くの人が、**人気ラーメン店のオーナーとしての利益を得ている**のです。

しかも、それは、決して難しいことではありません。ただ、まだあまり知られていないことではあります。

私は、ラーメンプロデューサーです。

といっても、おそらくラーメンプロデューサーなど、聞いたことがない人がほとんどでしょう。

私は現在、**毎月100件以上のラーメン店のコンサルティングを行っています**。その中には、数年間「食べログ」で1位をとり続けているお店もあります。

しかもそのお店は、客足が芳しくない赤字続きのお店だったのですが、**コンサルティングすることで、一気に黒字転換してからは、安定した経営をしています**。

もっとも、私のコンサルティングは「食べログ」で1位を獲得することが目的ではありません。お客さまに喜ばれて儲かるお店になるためのノウハウを、オーナーや店長、店員さんたちにお教えした結果、「食べログ」1位になってしまったということです。

とはいえ、私に言わせれば、そのお店が「食べログ」1位になったことは当たり前です。

なにしろ、そのお店は一般的なラーメン店よりも原価をかけて良い食材でおいしいラーメンを作っています。しかも食後にはデザートの小さなアイスまで付いてきます。つまり、原価が高くついているので、自ずと利益率は低くなります。

ラーメンプロデューサーである私の立場からすると、このお店は大人気店にはなりましたが、1店舗限りのこだわりのお店で終わるかもしれない、という懸念があります。この店はこの店で立派なビジネスモデルですが、私が皆さんにお勧めするのはこのようなお店ではありません。

もっと**利益率が高く、多店舗展開が容易なラーメン店**です。

つまり、**「食べログ」1位を目指すのではなく、皆さんに大きなリターンをもたらす「投資」としての対象となるお店**です。

●あえて、ラーメンの原価を思い切り高くした

「食べログ」1位になったお店では、一般のお店よりも原価が高いとお話ししましたが、**一般的なラーメンの原価率は30%前後**です。1杯700円であれば原価は約200円です。

しかし、「食べログ」1位のお店では、立地や女性客をターゲットにするという店長の方針を尊重して、どうしてもこだわりたい食材を使うことを承諾して**原価を43%程度まで引き上げた**のです。

この発想は、原価をできるだけ下げて儲けようという考え方には反しますが、この戦略

は功を奏し、女性客の舌を満足させて評判が広がりました。

ラーメン店というと男性客がメインのようですが、やはり**飲食店の評価を広める影響力は女性客のほうが強い**のです。

この評価の結果、著名人まで来店するお店になり、評判はますます広まりました。

そしてついにはテレビ番組で取り上げられるほどにまでなったのです。

その結果が「食べログ」1位です。


ただ、その裏側には、利益率を低くしてまで食材にこだわった店長の思い入れがあります。

実は私は、コンサルティングする立場から、**どうしてもこの食材を使いたいとこだわる店長の方針には反対**しました。それは、**利益率が低くなることだけではなく、多店舗展開が難しくなる**ためです。おそらく店長の目が届く2、3店舗が限界でしょう。

ただ、**私の指摘した問題点を店長が理解**し、それでも店長の意向が変わらなかったので、それを**尊重してサポート**しました。すでに7年目に入っていますが、**人気店の座を維持し、利益を上げています。**

●海外から引き合いがある店になるかもしれない

あるとき、私がプロデュースした、あるラーメン店の店長から相談がありました。

「台湾の経営者から看板を貸してほしいと言われたのだけど、どうすればいい？」

そこで私は、「いくらで看板を売りますか？」と尋ねました。

すると、まったく相場が分からないので「いくらで売るかは藏本さんに任せます」とのこと。

それで**私が代理人として交渉**を行うことにしました。

先方の希望価格が安いと判断した私は、価格のつり上げ交渉を行います。先方が台湾に帰国しなければならない期日が迫ったため、**最終的には先方の希望金額と私の提示金額の間の金額で妥協**することになりました。

店長は500万円くらいにはなるのかな、と思っていたようです。

「**4000万円**で売れましたよ」

「え？　400万円？」

「いえ、4000万円ですよ。1桁違います」

店長はしばらくぽかんとしていましたね。

4000万円は台湾での看板の使用権とレシピの使用料です。これらに加えて、**売上の5%をロイヤリティーとして契約**しています。**私の交渉代は1000万円**でしたが、それでも店長には想定外の金額とロイヤリティーが入ったのです。

海外から看板の使用権を求められたとき、相場観を持っていないなら、専門家に相談したほうが、確実に正当な評価に見合った金額で交渉することができます。

●ラーメン店はインターネットでの宣伝がとてもヘタ

ラーメン店を営んでいると、とにかくおいしいものさえ作っていればお客さまが付いてくる、と考えて**職人気質**になってしまう店長さんが多いです。

そのため、インターネットを活用した宣伝活動を行うといった発想は持っていませんし、私がアドバイスしても、なかなか真剣に耳を傾けてくれません。

それでも私がSNSの活用を熱心にアドバイスすると、ようやくブログやFacebookを始めたりするのです。そのとき、私は**検索エンジンにヒットしやすい書き方**も助言しています。

すると、そのことをきっかけに、店の口コミの広がり方が早くなり、お客さまが増えるようになります。

また、料理を出すときも、ネット上で口コミが広がりやすいように、「**インスタ映え**」**を狙った盛り付け**を意識するように指導しています。おいしければ良い、といった時代ではありませんよ、とお伝えしているのです。

まず、清潔感のある店内であること。店内のデザインもおしゃれなほうが良いですね。私はたくさんの店舗を自分で経営したりプロデュースしたりしてきていますので、お客さまが気持ち良く食事できる店内空間というものも分かっています。

そのため、今では飲食業界の人たちが、私の店舗デザインが参考になると言って視察や相談に来られるようになりました。

ラーメンの盛り付けも、おいしそうに見えることが重要で、**チャーシューはスープに沈んでしまわないように**にして、写真にしっかり写り込むように盛り付けます。また、**海苔もパリパリ感が感じられるような添え方**をする工夫が必要です。

すると、Instagram などで、その「おいしそう」感が拡散するのです。

●ラーメン店投資って何？

本書はおいしいラーメンを作るための本ではありません。また、はやるラーメン店を作る本でもありません。

したがって、ラーメンのレシピ（企業秘密でもありますから）も紹介しませんし、調理の腕が上がる方法もお教えしません。そのようなことは必要ないからです。

それでは本書がお伝えしたいことは何かというと、**ラーメン店に「投資」してオーナーになり、報酬を得るための方法**です。

本書はラーメン店投資に関する日本初の（おそらく世界初の）本です。ですから、本書を読まれた方以外、ラーメン店投資に関する知識を持っている人は、今のところほとんどいないということになります。

ただし、私がプロデュースして成功しているラーメン店のオーナーたちは、その醍醐味《だいごみ》を知っています。

では、なぜそれほど醍醐味があるラーメン店投資の本が今まで出版されていなかったのでしょうか。

最も大きな理由は、ラーメン店投資についてプロとして語れる人がいなかったためです。

しかし、**私は過去7年間で400店舗以上のラーメン店を黒字経営にしてきたコンサルタントでありプロデューサー**です。したがって、繁盛するラーメン店の条件については誰よりもよく知ってます。

そしてもう1つの理由が、一般的にラーメン店の経営はリスクが高いと考えられているためです。実際、皆さんも閉店したお店をいくつも知っていると思います。

しかし、**ラーメン店投資は実にリスクの低い投資**なのです。そのことは本書を読み進めるうちにご理解いただけることでしょう。

私が手がけたラーメン店は、たとえば12席のお店なら月に600万円の売上を出しています。

私の開発したノウハウを守って経営すれば、誰もが実現できるという高い再現性があります。その結果、ラーメン店投資は、株やFX、あるいは不動産投資よりも格段にローリスクで堅実なリターンをもたらす投資になり得ます。

平均の年利回り（リターン率）20％以上、繁盛店になれば、50％にも及びます。

●ラーメン店投資の3タイプ

ラーメン店への投資の始め方には3つのタイプがあります（左表参照）。
①赤字の店舗を店長と従業員ごと買い取り、黒字化して利益を出し、リターンを得ていく方法。
②店長となり、経営が安定したら信頼できる従業員を店長にして任せて自らはオーナーとなる方法。この方法を繰り返すことで店舗を増やしていく。
③これはと思うお店に出資だけして、配当を得る方法。つまり、フランチャイザーとなり、ラーメン店を経営したい人を日本中に増やしていく方法。
③の方法であれば、店舗数を数十店から100店にまで増やしていくことも夢ではありません。
実はラーメン店投資は、1店舗だけでも生活するために必要な報酬を得ることはできますが、それでは醍醐味がありません。店舗数を増やすごとにスケールメリットが出てくる

ラーメン店投資３つのタイプ

		メリット	デメリット	こんな方にお勧め
1	オーナーになる（店ごと買い取る）	３タイプの中で利益が一番大きく得られる。	不動産などの購入により、投資回収にはかなりの年数が必要。	地主、不動産所有者
2	店長として働いた後、オーナーになる	自ら働くためそれなりの利益は見込める。３タイプの中でリスクが一番小さい。	自ら働くので時間的制約を受ける。自分がオーナーになるまでは、現オーナーにロイヤリティーを支払わなければならない。	自ら店を切り盛りしたい方
3	出資のみ行う	出資のリスクはあるが、何もせずにお店のオーナーになり、利益を得られる。フランチャイザーとなり、加盟店からのロイヤリティー収入を得ることも可能。	ほとんどない。	投資家

のです。

一般的に「ラーメン店をやりたい」と言うとき、多くの人が店長になって一国一城の主となり、お店を切り盛りすることを思い浮かべますが、本書ではオーナーになって不労所得を得ることを勧めています。

それこそが、「投資」という考え方です。

目次

まえがき

● なぜ私のラーメン店は「食べログ1位」になったのか？　3
● あえて、ラーメンの原価を思い切り高くした　5
● 海外から引き合いがある店になるかもしれない　7
● ラーメン店はインターネットでの宣伝がとてもヘタ　8
● ラーメン店投資って何？　10
● ラーメン店投資の3タイプ　12

第1章　日本人も外国人もラーメンが大好き

1　なぜ、日本人はラーメン店に行列するのか？　22
2　オーナーに儲けていただくためのビジネスモデル　24
3　ラーメンには3つの中毒性がある（低価格・手軽さ・満腹感）　27
4　外食は3つの選択肢しか思い浮かばない　29
5　どんなに不況でも日本人はラーメンを食べる　31
6　今、海外でも日本のラーメンは大人気　32

7　訪日旅行者も1度は必ず食べるラーメンの魅力　33
8　一日中お客さまが絶えないラーメンの「中毒性」　35
第1章まとめ　37

第2章　ラーメン店は月に300店も開店している

1　ラーメン店は1日何杯売れれば儲かる？　40
2　プロの意見を退けたオーナーを待っていたのは…　42
3　お店の規模に見合った品揃えが必要　44
4　ラーメン店は月に300店近く開店している人気飲食店　47
5　味がぶれない工場系ラーメン店　49
6　ラーメン店は粗利益が一番高い　52
7　なぜあの人は、ラーメン店投資を始めたのか？　53
8　お店のオーナーでもコンビニとは違う　54
9　もちろん、経済的な豊かさも魅力　55
第2章まとめ　58

第3章　ラーメン店は儲かる、ラーメン店投資はもっと儲かる

1　ラーメン店よりも儲かるラーメン店投資とは？　60
2　ラーメン店投資が儲かる7つの理由　62
3　飲食店の中でラーメン店は回転率が高い　64
4　しかし、あえて遅くラーメンを提供するときもある　66
5　現金商売なので確実に日銭が入る　68
6　ラーメン店投資を始める3つのパターン　69
7　一番成功しやすいのは「居抜き」の店を買って店長を雇うこと　71
8　居抜き物件は、買うか借りるか　73
9　なぜ、ラーメン店はローリスクでリターンが早いのか？　74
10　繁盛ラーメン店であり続けるために必要なこと　76
11　憧れのあのお店の味も再現できる　78
12　同じスープから何十種類の味を出せるわけ　79
第3章まとめ　82

第4章 ラーメン店投資は他の投資とどう違う？

1 ラーメン店は経営できない、でも投資はできる 84
2 10坪10席の店でもラーメン店投資はできる 85
3 猛暑でも客が絶えず、寒い日にはチャリンチャリンと金が鳴る 86
4 ラーメン店投資は田舎でもできる 88
5 ラーメン店投資が儲かる平均シミュレーション 90
6 他の投資のほうがおいしくないのか 94
7 ラーメン店投資は実利も楽しさも手に入る 100
8 自分も店長もモチベーションが高まるビジネスモデル 101
第4章まとめ 104

第5章 麺もスープも作らない。全部お任せ！

1 小さく始めて大きく儲ける。しかもお任せで 106
2 ラーメン店を開くのに修業は必要ない 108
3 ラーメンの味は100点でなく90点でいい 109
4 1店舗へ投資するまでの流れ 110

5 ラーメン店投資の初期費用はいくらかかるのか？ 114
6 自己負担金と賢い借入方法 115
7 赤字ラーメン店は全部自分で作る。黒字ラーメン店はすべてお任せ 117
8 あなたのラーメン店のコンセプトを作りましょう 119
第5章まとめ 120

第6章 ラーメン店投資を拡大する方法、教えます

1 儲かるラーメン店投資のかけ算とは？ 122
2 1店舗より3店舗のほうが利益が安定する 123
3 それぞれの投資例 125
CASE1 ある商社の会社員の例 125
CASE2 ある不動産経営者の例 126
CASE3 脱サラした人の例 128
CASE4 3代続いた秘伝の味を瞬時に再現 129
CASE5 コンサルできずに失敗したのれん分け 132
CASE6 建築業者にカモにされて失敗 134
CASE7 自分たちは成功。しかし他が全滅 136

CASE 8 独自の食文化圏では地元の人に任せる 138
4 フランチャイザーはいきなり100店舗に増やせることもある 140
5 海外からあなたの店に引き合いが来たら？ 141
第6章まとめ 144

第7章 なぜ、有名人のお店はつぶれるのか？

1 なぜ、元プロスポーツ選手のラーメン店はつぶれたのか？ 146
2 ラーメン店を出すときは「庶民感覚」が結構大事 149
3 数人で1店舗に投資すると必ずけんかする 150
4 売上と材料費の相関関係はない 152
5 ラーメン店はうまいだけではやらない 153
6 売上が下がってきたら看板ごと変えてみる 154
7 ラーメン店に向いている不動産、向いていない不動産 155
第7章まとめ 157

第8章　私が400店のラーメン店をプロデュースするまで

1　岡山のお坊ちゃん、いきなり借金200億円を背負う　160
2　詐欺師、泥棒呼ばわりされて発奮！　162
3　ラーメン店を開業する　163
4　新しいビジネスモデルの誕生　165
5　ラーメン作りのためならどこへでも　167

あとがき

●なぜ、今ラーメンなのか　169
●日本のラーメン文化を世界に　170
●フランチャイザーになるススメ　172

第1章

日本人も外国人も
ラーメンが大好き

1 なぜ、日本人はラーメン店に行列するのか？

ほとんどの人が人気ラーメン店に行列ができている光景を見たことがあると思います。それほど**日本人はラーメンが好き**ですし、行列に並んでまで食べることを厭《いと》いません。

並ぶと待たされるにもかかわらず、並んでまで食べたい。並んでいるお店は、待ってでも食べる価値があるほどおいしいに違いない、と多くの人が思っています。

ですから、何かの拍子に行列ができた店は、その**行列がますますお客さまを惹《ひ》き付ける**ようになります。つまり、「**客が客を呼ぶ**」**状態**になるのです。

これはここだけの話ですが、私はわざとお店に行列ができるように仕向けることがあります。

いえいえ、サクラを雇うということではありません。本当に行列ができてしまうのです。

それは、まずラーメンがおいしいことが前提ですが、店内の席を少なくしたり、注文を受けてから提供するまでの時間を長目にするのです。

ですから、私はコンサルティングのためにお店を訪ねると、店長に「あまり急いで出さないように」とアドバイスしています。

普通と逆ですよね。

一般的な経営感覚なら、商品を素速く提供することでお客さまの回転率を高め、売上を伸ばす。こう考えます。

しかし私は、**わざとゆっくり出すことで、行列ができてしまうようにして、お客さまの渇望感を高めたほうが人気店になるよ、**ということを指導しているのです。

特に、ランチタイムは慌てずにゆっくりと対応するように指導しています。

すると、「待ちくたびれて他のお店に行ってしまうお客さまが出てしまう」と店長は困惑します。

それで良いのです。今日、食べ損ねたお客さまは、必ず「こんどこそこの店で食べたい！」と思うようになりますから。

そうすることでネット上でも「今日はやっと念願のこの店に食べに来れました！」などと書き込んでくれます。

するとそれが拡散して、さらにファンを増やしてくれます。

——と、この話は、ここだけの話ですからね。

2 オーナーに儲けていただくためのビジネスモデル

私はラーメンプロデューサーとして多くのラーメン店のプロデュースをしてきました。

もちろん、コンサルティングも同時に行っています。

コンサルティングというと、身構える方もおられるかもしれません。コンサルティング料というのは、一般的に高額なことは確かです。

そのため、ラーメン店に投資してオーナーとしてリターンを得たいけれども、「藏本さんにかなり持っていかれるのではないだろうか」と心配されます。

しかし、ご安心ください。実は**私は高額なプロデュース料やコンサルティング料で稼ぐというビジネスモデルを採用していません。**

それは、皆さんがせっかくラーメン店に投資しようというときに、貴重な投資額を減らしてしまうようなことをしたくないからです。

最初の投資金額を良いお店作りのために有効活用できなければ、繁盛店を作ることが難しくなってしまいます。

それでは、私はボランティアでプロデュースやコンサルティングを行っているのかというと、そんなことはありません。

しっかりとビジネスとして報酬をいただいております。

それではどこに私のキャッシュポイントがあるのでしょうか？　それは麺とスープの提供にあります。

私は、皆さんにラーメン店投資を成功してほしいですので、儲かるラーメン店を作るための設計図やノウハウを惜しみなく提供しています。

その代わり、私が指定するメーカーから麺とスープを仕入れてくださいとお願いしています。そのメーカーから皆さんのお店に麺やスープが納入されるたびに、たとえば麺1玉当たり5円がメーカーから私に支払われます（図1－1参照）。

皆さんからではありません。メーカーからです。

ですから、麺やスープの出荷量が減ることで、どの店の売上が下がったかすぐに分かり

図1－1　ラーメン店投資のビジネスモデル

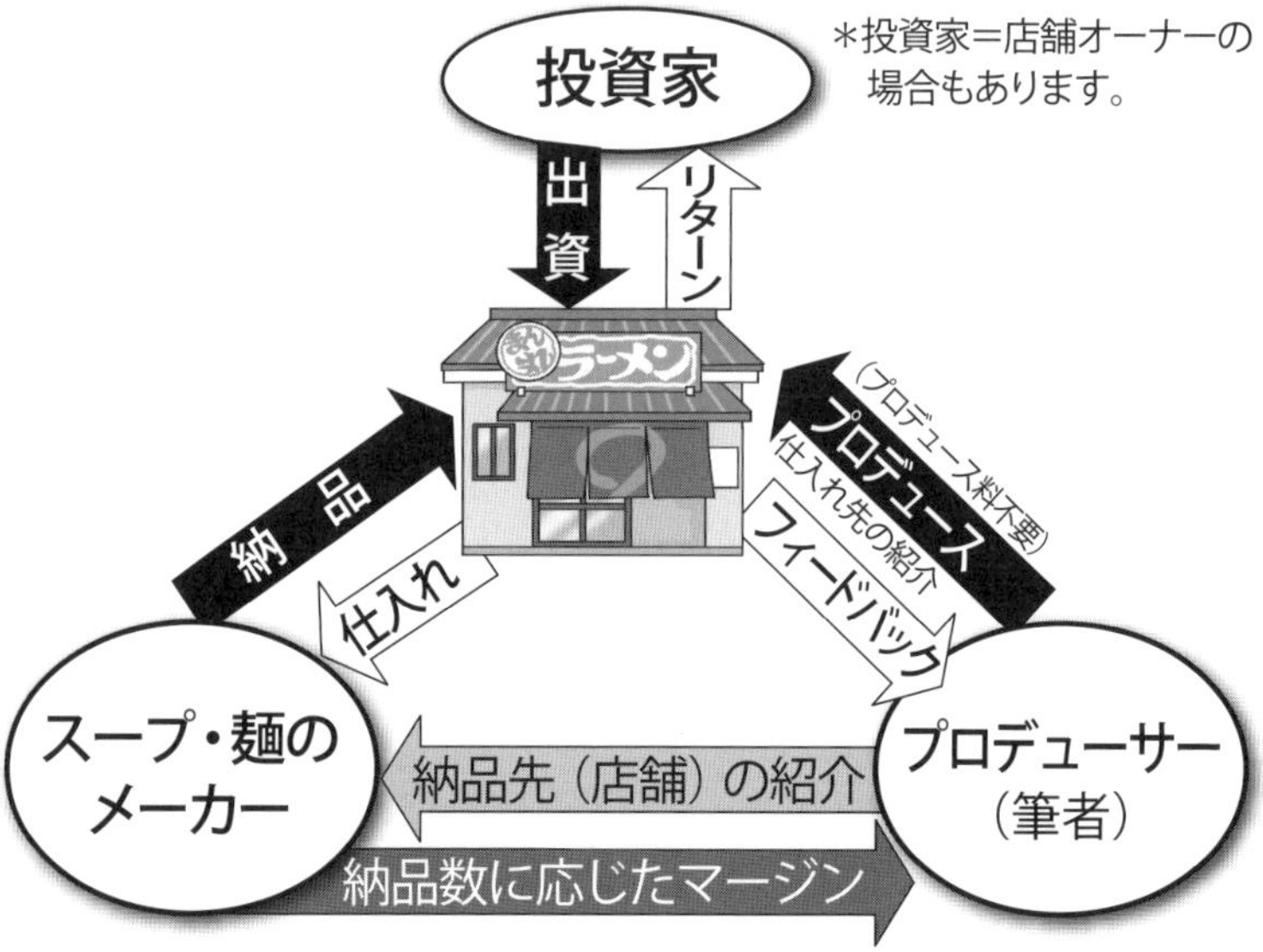

ます。

しかし、皆さんは私に直接ロイヤリティーを支払っていませんから、私が「売上が下がっているようなのでアドバイスに来ました」と言って現れると驚かれます。

「どうして分かったのですか？」と。

それくらい皆さんにとっては負担感のないビジネスモデルを採用しているのです。

しかし、お店の売上はしっかり把握していますから、ちゃんと必要なタイミングでアドバイスをすることができるわけです。

3 ラーメンには3つの中毒性がある（低価格・手軽さ・満腹感）

それにしても日本人はラーメンが好きです。いや、近年は外国人もラーメンにハマり始めていて、日本を訪れたら必ずラーメンを食べなければ、という旅行者も多いようです。

株式会社フードリヴァンプの経営する「野郎ラーメン」では、ラーメンのサブスクリプション（定額前払い）を始めました。月額の8600円（税抜き）でラーメン食べ放題というシステムですが、このシステムが成立するほど、頻繁に食べているラーメン好きが多いのでしょう。

すでに国民食と言われて久しいラーメンですが、これは**ラーメンに3つの中毒性がある**ためだと考えています（図1-2参照）。

①リーズナブルであること

1食1000円以内で食べることができますし、安いところでは1杯500円で替え玉が無料なんてこともあります。トッピングを好きなだけ追加できるお店もありますし、有料のトッピングを追加しても**1000円以内で収めることができます**。

図１－２　中毒性を生む３つの要素

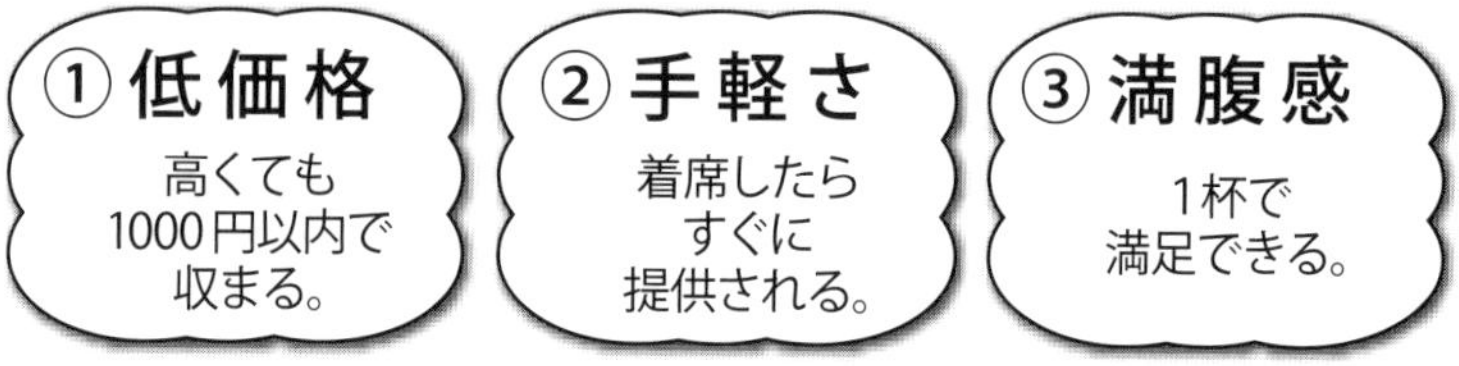
①低価格
高くても
1000円以内で
収まる。
②手軽さ
着席したら
すぐに
提供される。
③満腹感
１杯で
満足できる。

②素速く出てくること

注文してから実際に食べ始めるまでの時間が、一般的なレストランに比べるととても短いですね。お腹が空いているときはこの速さはとてもありがたい。ライバルと言えばカレーライス屋さんや牛丼屋さん、立ち食い蕎麦屋さんですね。
日本人はこうした素速く提供される料理が大好きです。

③なんといっても満腹感があること

ラーメンを1杯食べれば、よほどの大食漢でないかぎり、ほとんどの人は満腹感を感じるはずです。ラーメンの麺は小麦粉で糖質ですから、満腹感を得やすいのです。もちろん、人によって満腹感を得られる量には差があるのですが、その差はスープを飲む量で調整されます。

ラーメンにはこのような中毒性があり、中毒性があるということは、リピートしたくなるということです。

飲食店で最も大切なのはリピーターをいかに多く確保するかということですから、このラーメンの中毒性は強みです。

たとえばカツ丼や蕎麦にはこれほどの中毒性はありません。カレーライスは確かに中毒性がありますが、やはりラーメンほど頻繁には食べないのではないでしょうか。

そして**この中毒性がある限り、日本人はラーメンを食べ続けてくれます。**

日本人のラーメン好きは一時的なブームではありませんから、これからも長く愛され続ける食べ物だと言えます。

4 外食は3つの選択肢しか思い浮かばない

これほどラーメンが好きな日本人ですが、このことは「さて、これから何を食べに行こうか？」と考えるときの選択肢にも表れます。

これは厳密にアンケート調査を行ったわけではなく、私の体験に基づくものですが、人は外出先で飲食店を探すときに、だいたい3つの選択肢しか浮かんでいません。

図1-3　外食の選択肢にはいつもラーメン

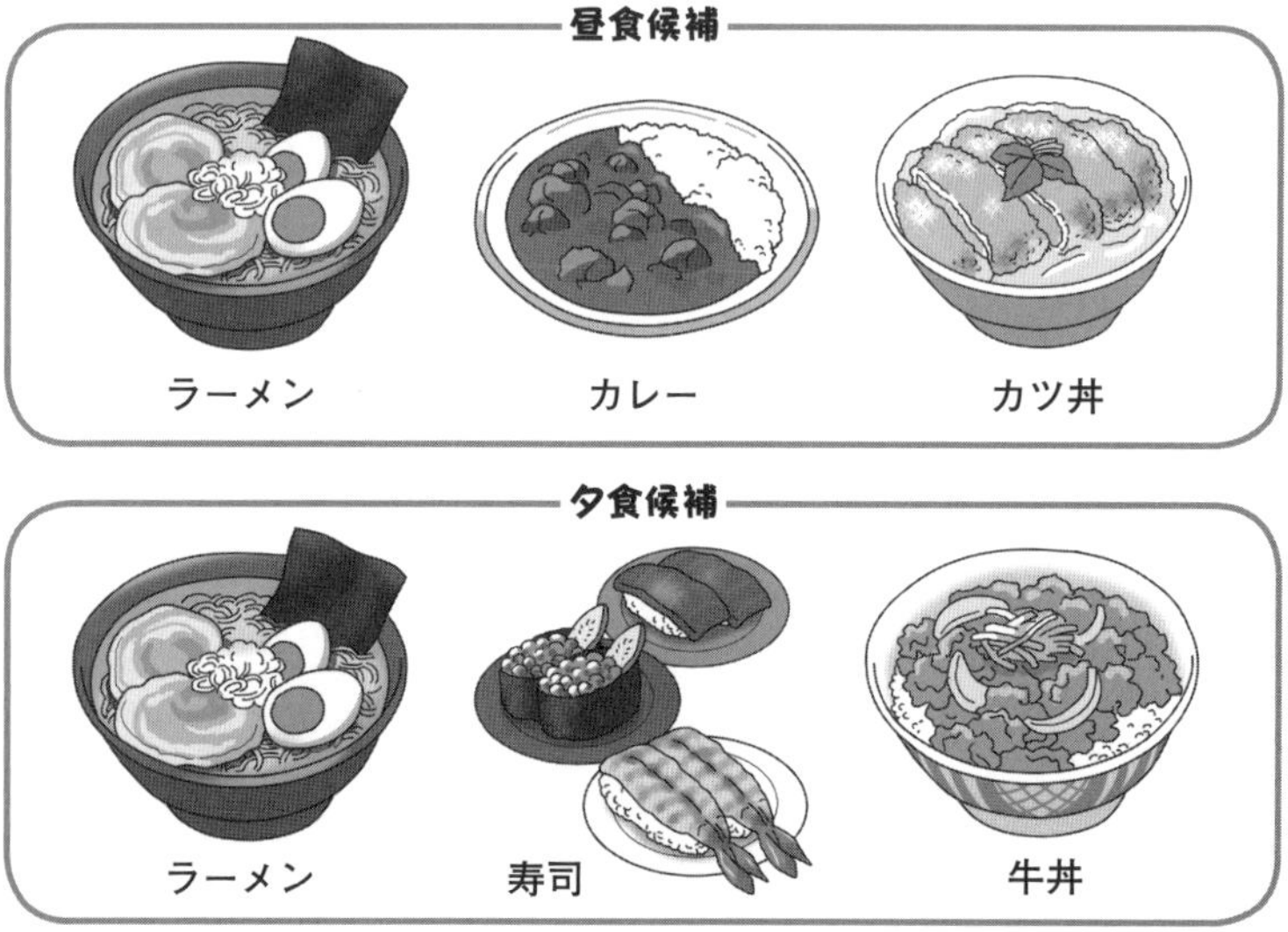

「昼は、ラーメンかカレーかカツ丼かな?」

「夜は、回転寿司か牛丼、あるいはラーメンかな?」

ラーメン、カレー、カツ丼。ラーメン、寿司、牛丼の組み合わせです。そしていつもラーメンが紛れ込んでいます(図1-3参照)。

もちろん、私が勝手に感じていることですから、絶対にラーメンは選択肢に入らない、という人もいるでしょう。

しかし、この国では**外を歩いていると、常に視界のどこかにラーメン屋さんが入ってきます**。角を曲がるたびに新たなラーメン屋さんが目に入ります。

そのため、**何か食べようと思ったとき、やっぱりラーメンを思い浮かべてしまうのです。**

ラーメンはそれほど選ばれやすい食べ物なのです。

5 どんなに不況でも日本人はラーメンを食べる

リーマンショックが起きた2008年、イギリスではドミノ・ピザをはじめとするピザなどの廉価な食品の売上が急増しました。

その一方で、高級レストランは軒並み売上ダウンで閉店に追い込まれたお店も多かったと聞きます。

これは、不況で財布のひもを固くした消費者が、少しでも安い飲食店を利用しようとしたために起きた現象です。このような状況はアメリカでも見られました。

おしゃれなフレンチやイタリアン、あるいは日本料理店などの高級飲食店の経営は景気動向に大きく左右され、不況になれば高級なお店から閉店に追い込まれます。日本でもバブル崩壊後は一等地にあるような高級クラブはバタバタとつぶれていきました。

一方、**庶民の食べ物であるラーメン店は、不況でもお客さまが来店します。**いや、むしろ不況になるほどお客さまが増えるかもしれません。イギリスでのピザ屋さんと同じです。ラーメン店は、不況でも生き残れる可能性が高い飲食業です。ですから、投資先としては、手堅いのだと言えます。

6　今、海外でも日本のラーメンは大人気

先ほど、ラーメンの中毒性や日本人のラーメン好きについてお話ししましたが、実は、もはやラーメン好きなのは日本人だけではなくなっていました。

観光庁『訪日外国人の消費動向　訪日外国人消費動向調査結果及び分析　平成29年　年次報告書』(https://www.mlit.go.jp/common/001230775.pdf) によれば、外国人観光客が「最も満足した飲食についてその理由」について「おいしい」からと回答した1位は「ラーメン」、2位が「そば・うどん」、そして3位が「肉料理」でした。

当然、海外でも日本のラーメン店が相次いでオープンしています。私がプロデュースし

たお店の看板を使いたいと台湾からオファーがあったことを紹介しましたが、実際、**海外からのオファーはかなり増えてきている**ようです。ただし、それぞれのお店に個別に接触してくるため、全国でどのくらいのお店に引き合いがあるのか把握できていません。

もしかするとせっかく高く売れる看板を持っていながら、安くたたかれているお店もあるのではないかと心配しています。私は海外からの引き合いの窓口になるための団体「国際ラーメン協会」を設立しました。

これによって、日本のおいしいラーメン店が、より高く妥当な評価をされる仕組みを作れると考えているのです。

7 訪日旅行者も1度は必ず食べるラーメンの魅力

観光庁の調査結果のように、訪日外国人旅行者の間でもラーメンは人気です。

しかし、ラーメン店側の情報発信はいまいちなのですね。ラーメン店の店長さんの多くはＷｅｂサイトやブログ、ＳＮＳを使った情報発信にあまり熱心ではありません。ましてや外国人向けに英語で情報を発信するといった発想をなかなか持てずにいます。

何もブログやＳＮＳで英語の記事を書く必要はありません。もちろんできればよいですが、よほど英語に堪能でなければ難しいでしょう。

しかし、静的なＷｅｂサイトであれば、一度だけ業者さんに英訳してもらえば、あとはメニューのメンテくらいですから大した費用も手間もかかりません。

外国人観光客にとっては、英語で情報を入手できることはとても重要です。国内での評判が同じくらいの店であれば、外国人は英語で情報を入手できたほうのお店に行きます。といいますか、行くしかありません。

現在はまだ、英語で情報を発信しているラーメン店は少ないですから、英語のサイトをを用意できれば相当の差別化になります。

外国人観光客が参考にする食べログの英語版のようなサイトは多くあるはずですが、クリックした先に日本語のサイトしかなければがっかりするでしょう。

しかし、英語でお店の紹介がされていれば、俄然、興味を持ってくれるはずです。

ですから、英語で店長のこだわりやメニュー、アクセス方法などが紹介されていれば、世界中からお客さまを集めることができます。

海外では日本のラーメンを1杯3000円で出しているお店もありますから、インバウンド向けに付加価値のあるメニューを用意できれば、高くても受け入れられるかもしれません。

8 一日中お客さまが絶えないラーメンの「中毒性」

ラーメンには3つの中毒性があることをお話ししました。この中毒性があるがゆえに、ラーメンは一時的なブームで終わらずに日本人も外国人も食べ続けてくれるのです。

そしてこの中毒性にはもう1つの効果があります。それは、**長い時間帯にわたってお客さまが絶えない**ということです。

さすがに朝早くから朝食としてラーメンを食べる方はあまりいないと思いますが、お昼前後から深夜まで、誰かしらラーメンを食べに来てくれます。

これは、ラーメンが**昼食**にもなり、小腹を満たすための**間食**にもなり、がっつり食べたい**夕食**にもなり、**夜食**にもなる。そして**お酒を飲み歩いた人たちの締め**にもなるということです。

そのため、ラーメン店はお昼時のピークから始まり、長い時間営業を行うことができます。

ただ、あまりに繁盛しているお店は、さすがに疲れるので一度お店を閉めることが多くなります。一般的なのは、朝10時にオープンし、15時くらいでいったん店を閉めます。

そして休憩と仕込みのリセットを行った後、17時ごろから再びお店を開きます。

閉店時刻は立地条件により変わってきます。繁華街やその周辺であれば、かなり遅い時刻までお客さまが来ますし、住宅街や山の中などではあまり遅くまで営業していても無駄になることが多いでしょう。

このようにいったんリセットする時間帯を持っているほうが営業しやすいのですが、ショッピングモールなどにお店を構えている場合は、勝手に「休憩中」というわけにはいきません。閉店時刻もショッピングモールの規定に従う必要がありますので、深夜まで営業できないこともあります。この点は注意が必要です。

第1章まとめ

・あえてゆっくり出すことで、行列のできるお店を演出すると、さらに人気が出る。
・お店のオーナーはお金を払わなくてもコンサルティングを受けられるビジネスモデルで、安心して繁盛店を持つことができる。
・ラーメンには「リーズナブル」「素速く出てくる」「満腹感を得られる」という3つの中毒性があるので、愛され続ける食べ物である。
・外食では、3つの選択肢を浮かべやすいが、どの組み合わせにもラーメンは入っているので選ばれやすい。
・庶民の食べ物であるラーメンは、不況の影響を受けにくい。
・海外からの引き合いがあったとき、日本のラーメン店の看板は、あなたが思っているより高く売れる。
・お店のWebサイトに英語版を作れば、世界中からお客さまが来るかもしれない。
・ラーメンには中毒性があるので、お店には一日中誰かが食べに来ている。

第2章

ラーメン店は月に３００店も開店している

1 ラーメン店は1日何杯売れば儲かる？

ラーメン店は1日に何杯売れば儲けが出るのかという質問をよく受けるのですが、実のところかなり幅があるので、正確な数値で即答することは難しいです。

座席数やメニューの種類、仕入れている材料費や、人件費、家賃など、経費によってずいぶんと変わってくるためです。

ただ、それでもざっくりとしたイメージを持っていただくためにあえてお答えしているのは、**黒字と赤字の分岐点は60～70杯というあたり**です（図2－1参照）。

1日に100杯売っているラーメン店も結構あるのですが、このクラスならかなり儲かっている優秀なお店と考えてよいでしょう。

この業界では**月に1席で20万円売り上げれば繁盛**していると言われています。

10席あるお店なら月に200万円売り上げているということです。

たとえば私が当時関わっていた「麺屋一燈」というお店は11席で月に500万円ほど売り上げていますから、かなりハイレベルと言えます。

図２－１　ラーメン店の損益分岐点

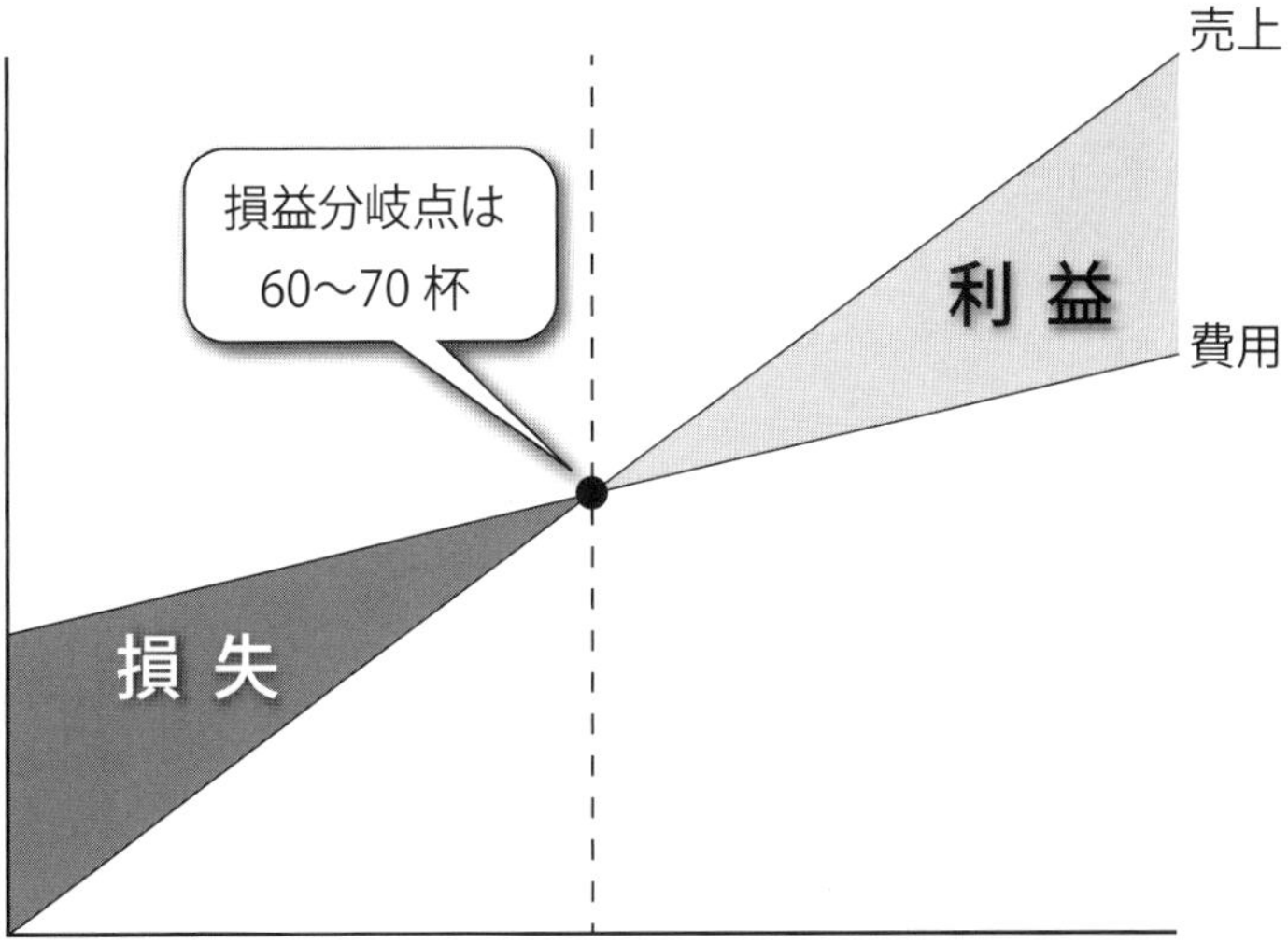

ラーメン店を始めるとき、店舗が決まっている場合は別ですが、まだ店舗が決まっていない場合は、10席ほどの店舗をお勧めすることが多いのです。多くても24席止まりです。

これは、10席くらいであれば、1人でなんとか切り盛りできるというのが理由です。24席になるとやはりスタッフが3人はいないと回せなくなります。

さらにこれ以上の席数になると、スタッフが5～6人は必要になりますので、人員の確保や管理が難しくなってきます。

ですから私は、**席数は10～24の間を勧めているのです。**

ただ、先に大きな物件が手に入ってし

まって、これを前提にプロデュースしなければならないときがあります。このようなときは私でもかなり神経を使います。

やはり大型の店舗になると、ファミリー層のお客さまも当て込まなくてはいけません。そのために、メニューの幅も広げる必要が出てきます。

ですから、25席以上の物件で出店するときは、結構な大勝負をすることになります。

2 プロの意見を退けたオーナーを待っていたのは…

以前、不動産のオーナーが100席も入る大型物件を用意してお店を出すことになったことがあります。そこで私は出店した後も1年間コンサルティングを続けました。この規模になると気を抜けません。

ところが売上が順調だったので、途中でオーナーがもう大丈夫だと判断してしまいました。それでもう、私のコンサルティングは必要ないと言い出します。

「いや、ここで手を抜くとまずいですよ。この規模のお店は3年間は私に見させてください。コンサルティング料がかかる分儲けが少なくても、この3年間さえしっかり経営すれば、息の長い名店になりますから」

と私は忠告したのですが、すっかり売上に気を良くしていたので、「もう、藏本さんのコンサルは要りませんよ」と聞く耳を持ちません。

私としてもコンサルティングを押し売りするつもりはまったくありませんでしたので、「それならお好きにどうぞ」と手を引きました。

すると3カ月ほどで売上が激減してしまいました。

——ああ、まずいなぁ。

それでもコンサルを押し売りする気がまったくありませんでしたので、傍観しておりました。もしかするとご自分で何か手を打つかもしれませんし。

すると半年後にオーナーが血相を変えて私の元にやってきました。

「なんとかしてくれ。もう一度コンサルしてくれないか」

「だから手を抜いてはいけませんよ、と忠告したのです」

とはいえ、困っているオーナーの依頼を断るほど私も鬼ではありませんので引き受けましたが、「一度下がった業績を立て直すのは、コンサルを継続していたときよりも難しい

第2章

ですよ」と念を押しておきました。

それは嫌みではなく、本当のことだからです。**順調な売上を維持することよりも、一度激減した売上を戻すことのほうがはるかに難しい**。たとえば3カ月間売上が下がっていたとすると、売上を戻すまでには倍の6カ月間が必要になります。もうこれで安心だ、という状況にまで立て直すには3倍の期間がかかることもあるのです。

「それなりに予算もかかりますよ」

分かった――と納得されたので、立ち上げ直しを行いました。

3 お店の規模に見合った品揃えが必要

売上が激減してしまったお店の状況をチェックすると、味も盛り付けも雑になっていました。お店を仕切っている店長にもよりますが、**プロの監視がなくなると、これほどあっけなく品質が下がるものなのです**。

やはり雇われている人たちから見れば、お任せでほったらかしのオーナーがいるだけでは緊張感が続かないのでしょう。店の規模が大きい分、雑になりやすかったということもあります。

しかも売上が順調だった時期もあったので、店のスタッフも自分たちだけでも好きなようにやらせてもらえればもっと売上を上げられると錯覚してしまいます。

そのため、私がいなくなってから最初の1カ月間くらいまでは私に言われたことを忠実に守っていたのですが、2カ月目あたりからだんだんと自分たちなりのやり方を始めてしまうのです。

そしていったん味や盛り付け、店内の清潔感などが劣化してしまうと、お客さまに「最近、この店の質が落ちたな」と思われてしまいます。そうなると、それまでに育ててきたブランドイメージがあっけなくダウンしてしまいます。

しかも私がいなくなってから、メニューも勝手に減らしていました。これはスタッフが滅多に注文されないメニューはなくても同じだろう、たまに注文されると対応が面倒くさい、という素人判断をしてしまったのです。

私は**「勝手にメニューを減らしてはダメだ。注文されなくてもこの規模の店舗ではそれに見合った品揃えがあることが大切なんだよ」**と言いました。

図２-２　選ばれるラーメンの価格帯

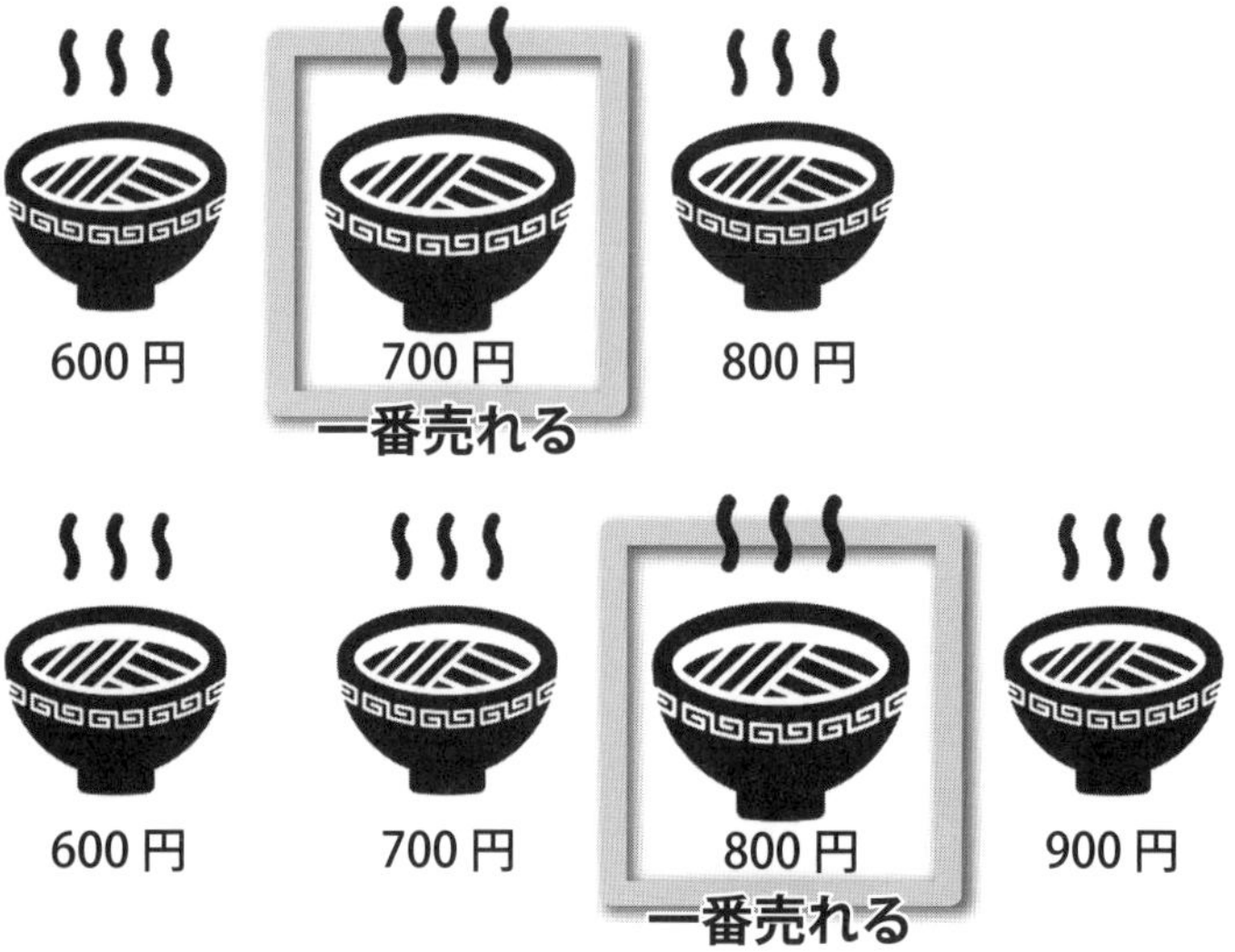

つまり、**注文されないと分かっていても、お客さまに選択肢を与えることが重要**なのですね。
ネギ味噌ラーメンは注文されるけどネギ塩ラーメンは滅多に出ないからといってメニューからなくしてしまうと、ネギ味噌ラーメンも売れなくなるのです。
また、値段の面からも店舗の規模に見合った選択肢を用意しておく必要があります。
６００円のラーメンと７００円のラーメン、そして８００円のラーメンしかなければ、７００円のラーメンが最も売れます。次に６００円のラーメンです（図２-２参照）。

これは、**一番高いのはぜいたくかな、と思って避けてしまう心理と安いほうがお得だと思う心理が働く**ためです。

しかしここに900円のラーメンを加えれば、同じ心理でも800円のラーメンが売れるようになります。ぜいたくかな、と感じる基準が上がるためです。

ですから、めったに注文されなくても用意しておくべきメニューというものがあります。

つまり、**お店のメニューは全品まんべんなく売るつもりで揃えるのではなく、お客さまに選ばせるために揃えておく必要があるのです。**

ただし、準備することで余分な経費がかかりすぎるようなメニューは削除しても構いません。

4 ラーメン店は月に300店近く開店している人気飲食店

ラーメン店は月に300店舗開業しているとも言われるほど人気がある飲食店ですが、ほぼ同じ数だけ閉店しているとも言われるほど、競争が激しく難しいというのもまた現実です。

ですから、すでにレッドオーシャンであり、いまさら参入するのは得策ではないと考える人も多いでしょう。

ところが私に言わせれば、**閉店してしまうところにはそれなりの問題があるわけで、その点を改善できていれば売上を上げることができる**のです。

つまり、一見多くの競合がひしめき合っているように見えるのですが、多くの店がきちんとしたノウハウを持っていないために、実は本当の意味での競合は少ないとも言えます。

自分の店の欠点や問題点に気付かないまま営業を続けてしまっているお店のなんと多いことでしょうか。

そのような欠点や問題点を指摘して改善する方法をお教えするのが、ラーメンプロデューサーである私の仕事です。

ラーメン店がつぶれる理由はケース・バイ・ケースですので、一概にこれが原因と言い難いのですが、要するにお客さまが店に付かないのです。

では**なぜお客さまが付かないのかというと、その原因にはお店の造りや立地条件、あるいは清潔感など様々あるのですが、最も多い原因は味が不安定であること**です。

極端な場合は午前中と午後では味が大きく変わってしまうお店もあります。

たまたま味がうまく出せているときに入ったお客さまはリピートしてくれますが、その2度目の来店時に味が変わっていたら、がっかりしてもう二度と来てくれません。また、味が落ちているときに来たお客さまは、もちろん次の来店はありません。

しかも、がっかりしたお客さまの何割かは、ネット上に「まずかった」「期待外れだった」「もう行かない」などと書き込んでしまうかもしれません。すると、それを見た人は、よほど好奇心旺盛な人でもない限り、最初から来てくれません。

その結果、お客さまが店に付かないのです。

5 味がぶれない工場系ラーメン店

それでは、味を安定させるにはどうすればよいのでしょうか。

味が不安定なお店は、すべての調理を店内で行っているお店です。

この場合、味を安定させるのは非常に難しいのです。なにしろ仕入れた素材が必ず一定の品質を保てるとは限りません。

たとえば豚の骨を使っている場合でも、その豚が何を食べていたのかによって味が変わってしまいます。それほど**豚骨スープの味を安定させるのは難しい**。まだ、鶏ガラのほうが味がぶれにくいと言えますが、それでも常に安定した味を出し続けることは難しいのです。

また、作り始めて間もないときの**スープの味を、営業時間中一定に保つことも難しい**のです。

ですから、ラーメンマニアと呼ばれるような人たちは、開店直後のスープがその店の最高のコンディションであることを狙って食べに来ます。彼らは開店してから時間が経つほどにスープの味が劣化していくことを知っているためです。

また、あるラーメン店などは、スープが理想的な味に仕上がったときしか開店しません。スープの出来が悪いとお店を開かない方針なのです。それほど毎日同じ味を出すのは難しいということです。

ところが、私がプロデュースしているラーメン店の味は常に安定しています。

それは、スープや麺を工場で作っているためです。

実はラーメンオタクと呼ばれるような人たちからすると、私のようにスープや麺を工場で作らせているのは「工場系」で邪道だと捉えられていました。しかし、**大多数のお客さまは、スープや麺がどこで作られていようと気にしません**。それよりも**味が安定していることのほうを重視**します。

大多数のお客さまを味方に付けることが大切です。その結果、私がプロデュースしているお店は、「食べログ」1位やランクイン常連になっているのです。
7、8年前のことですが、工場で安定した品質のスープと麺を作って、お店に配給する方式を採用したのは、私だけでした。
ある人気ラーメン店では、お店が増え始めると、均一の安定したスープを作れなくなってきました。各店舗でスープを作っていた方式をやめて、工場でスープを作る方式に変えていきましたが、面白いのは、この人気ラーメン店が工場でスープを作る方式を採用した途端に、ラーメンオタクたちが「工場系」を批判しなくなったことです。結局、工場系のほうが常に安定しておいしいことを認めざるを得なくなったのでしょう。

6 ラーメン店は粗利益が一番高い

飲食店には様々な種類がありますが、その中でもラーメン店投資をお勧めする理由の1つに、ラーメン店はあらゆるフランチャイズで粗利益率が最も高いためです。

飲食店では、原価率を30％以内に抑えることで利益率をかなり高く設定できます。

ところが一**般的な飲食店のフランチャイズに加盟した場合**、仕入れを本部から行いますが、これが結構高いのです。そのため、**お店の粗利益は5％あるかどうか**というのが現実です。一方、**私がプロデュースした場合は粗利益が10～15％程度残ります**。

そもそもラーメンは、麺とスープと具材があれば作れますから、原価率や利益率を読みやすいというメリットがあります。他の飲食店ではメニューが多彩なため、仕入れや売上の管理が複雑になり、原価率や利益率を予想することが難しくなります。

7 なぜあの人は、ラーメン店投資を始めたのか？

ラーメン店投資を始める動機は様々だと思いますが、ここで私がプロデュースしたある方の例を紹介しましょう。仮にSさんと呼びます。

Sさんは、某商社の社員です。投資ですから、副収入として働かなくても定期的にリターンを得られることが動機の1つとしてあることは確かでした。

それならば、なぜ、数ある投資の中でラーメン店を選んだのでしょうか。

Sさんは、「自分の店を持ってみたかった」と言っていました。**投資したラーメン店は、間違いなく出資者のものですから、「この店は私の店だ」と言えます。**自分が直接経営したり、店長として腕を振るったりする必要はありません。オーナーなのです。

Sさんと似ている動機としては、「サイドビジネスとして飲食店を経営しているんだ」と言いたい、という人もいました。普段は会社員ですが、「飲食店の経営者」「飲食店のオーナー」と名乗るのは、「実業家です」と言うよりも堅苦しさがなくていいです。実業家であることも間違いないですが「ちょっと飲食店もやっていてね」と言ったほうが肩に力が入っていない感じでスマートなのです。

Sさんは、株やFXの投資よりも、お店を持つことのほうがロマンを感じるとも言っていました。

8 お店のオーナーでもコンビニとは違う

ただ、お店のオーナーになるということでは、昨今はコンビニエンスストア（コンビニ）のオーナーになるという選択肢もあります。

しかし、オーナーと入ってもコンビニの場合は、自らが店頭に立って切り盛りすることが多いでしょう。オーナー夫婦で切り盛りしている姿もよく見かけます。

実際、昨今では人手不足を補うために、オーナー自らが昼夜を問わず店頭に立ち、その結果疲労で倒れてしまうといったニュースも頻繁に見聞きします。

しかも、**コンビニのオーナーになったからといって、そのお店がオーナーのオリジナリティーが反映された個性的なお店になることはあり得ません。**

たとえば、セブン‐イレブンは誰がオーナーになってもセブン‐イレブンですし、ローソンも誰がオーナーになってもローソンです。

しかし**あなたが投資するラーメン店は、あなたが考案した屋号で呼ばれるお店になりますし、お店の外観や内装、メニューといったところまで、あなたのコンセプトが反映されます。**つまり、あなたならではのお店になるのです。

しかも、投資家でありオーナーであるあなたは、自ら厨房に入って料理をする必要はありません。それは店長や従業員に任せればよいためです。

それでもあなたのお店ですから、思い入れは強くなります。しかも1号店が安定すれば2号店を、2号店が安定すれば3号店をと増やしていくことができます。

9 もちろん、経済的な豊かさも魅力

先ほどのSさんですが、「自分のお店を持ちたい」という夢を叶《かな》えたと同時に、経済的な豊かさも手に入れました。

特にSさんの場合はサイドビジネスとしてラーメン店投資を行ったため、本業から得られる収入にプラスの収入が継続的に入るようになりましたので、かなり生活にゆとりが生まれてきました。実際に一般の会社員よりも収入が多いことから、人間的にもゆとりを感じさせるようになってきました。

Sさんの場合は、これまで無縁だった**飲食店業界の人たちとの交流が増えた**ことから、いつの間にかイタリアンレストランの経営にも手を広げていました。

事業が面白くなってきたようです。Sさんが人として成長したかどうかは正直私には分かりませんが、視野が広まったことは確かなようです。

そしてあるとき、Sさんは自分の知人3人を私の元に連れてきました。ぜひ、ラーメン店投資を指導してほしいというのです。Sさんが言うには、会社員でも1000万円くらいの投資をできる人はたくさんいるのだそうです。

ただ、多くの人はそのお金をどのように運用すればよいのか分からない。その結果、ちまたではやっている株式投資やFX、あるいは仮想通貨投資くらいしか思い浮かばないのだと言います。不動産投資という選択肢もありますが、多くの人は頭金が足りません。

しかし、Sさんは、ご自身がラーメン店投資をしたことで、この投資の利回りが株やF

Xなどよりも良いこと、損切りリスクが低いこと、毎日株価や為替相場の上がり下がりにハラハラするストレスもないことなどを身をもって知りましたので、知人の方々を私の元に連れてきたのです。

しかも、**金融商品への投資よりも、「自分のお店」という目に見えるものへの投資**です。そしてSさんたち4人は、投資を決断して、お店の開店から運営まですべて私に任せてくれました。

そのため、お店はいずれも順調にリターンを生み続けています。

実はここは結構大切なところです。以前、ある経営者の方のラーメン店をプロデュースしたときは、その方が素人であるにもかかわらず、あらゆることに口出ししてきたので、私のほうから手を引いたことがありました。これではうまくいかないと感じたからです。

プロを信じて任せていただければ、お店は順調に収益を生み続けてくれるのです。

第2章まとめ

・10席くらいのラーメン店の損益分岐点は、1日に60～70杯程度。
・プロの意見は聞いておいたほうが得。
・ラーメン店の品揃えは、お客さまに選択肢を与えるためにある。
・ラーメン店は、味を安定させることが繁盛させるコツ。
・麺やスープは、お店で作らないことが繁盛させるコツ。
・ラーメン店は、粗利率が高く儲けやすい飲食店。
・ラーメン店に投資すると、「ちょっとサイドビジネスでお店を持っていてね」と格好良く言うことができる。
・同じ「オーナー」でも、コンビニより楽ちんなラーメン店。
・株やＦＸと違って、「自分のお店」を持てる投資。

第3章

ラーメン店は儲かる、ラーメン店投資はもっと儲かる

1 ラーメン店よりも儲かるラーメン店投資とは？

ラーメン店を始めるというと、ほとんどの方は脱サラしてラーメン店の店長となり、自ら厨房で調理すると同時にお店の経営を行う、というイメージを思い浮かべるでしょう。

これは当然です。**ほとんどの方が「ラーメン店に投資する」というビジネスモデルを知らないからです。**

しかし、自らがお店の厨房に入ってしまうと、日々調理に追われて忙しくなり、お店を広げることができなくなります。それでは店舗を増やしてスケールメリットを得るということが難しくなってしまいます。

それどころか、毎日調理に追われてお店に縛られてしまい、他のことは何もできなくなってしまいます。

これでは、他に本業を持っている人がサイドビジネスとして手を出すことができません。

そこでラーメン店のオーナーになるのですよ、とお話しすると、少し詳しい人であれば「ああ、どこかのフランチャイズに加盟するんだな」と考えます。

しかし、それも違います。それでは利益率が下がり、あまりおいしい投資ではなくなってしまいます。

私がお勧めしているのは、自らがフランチャイザーになるというものです。もし、自分で厨房に入ってお店を切り盛りした場合は、繁盛すれば月収１００万円ほどは得られるかもしれません。

しかし、それならば30万円くらいで店長を雇い、自分はオーナーとして50〜60万円ほど得るほうが断然効率が良くないですか？

この方法ならば、自分の時間はまったく拘束されませんから、他の仕事をしてもよいですし、新たな店舗の計画もじっくりと練ることもできます。さらに3店舗に広げれば、黙っていても毎月１００万円以上の収入を得られるのです。

一昔前に、脱サラしてラーメン店を始めることがはやりましたが、あれは自ら厨房に立っても、会社員時代の給料よりは稼げる、30万円前後の月給だった人が１００万円ほどの収入を得られるという夢があったためです。

もちろんその方法でも構わないのですが、正直朝から晩まで働いて１００万円よりは、3店舗のオーナーになって毎月１００万円を得たほうが、自分の時間をより有効に活用できます。

もしあなたが、自らラーメン店の店長として開業するためにすでに何冊かの本を購入していたとしたら、本書を手に取ったことで選択肢が増えたことになります。他の類書には自らお店を切り盛りする方法しか書かれていません。「投資」という考えがありません。

もちろん、自分のラーメンを作りたい、自分の味を極めたいという道を進むことも格好良いと思います。

しかし、それがたまたまラーメン店投資という選択肢を知らなかったための選択であれば、再考されるとよいでしょう。

2 ラーメン店投資が儲かる7つの理由

ラーメン店を自ら店長となって切り盛りするよりも、フランチャイザーとなって投資するほうが儲かるという話をしました。

そこで、ラーメン店投資が儲かる理由を整理しておきましょう。

①ラーメン店投資ではどこかのフランチャイズに加盟するのではなく、自らがフランチャイザーとなるため、本部にロイヤリティーを支払う必要がない。
②オーナーとなれば自らは時間と場所に縛られることがないため、2店舗目、3店舗目といくらでも増やしていくことができる。
③株のように暴落することがなく、FXのように為替差損を被ることもないため、お店が営業している限り、定期的に収益を得ることができる。
④投資としてはリターン率20％と高いことが特長。株式投資やFXでこれだけのリターンを安定して出すことは難しい。
⑤不動産投資ほど大きな資金を必要とせず、経済状況や地域環境の変化により地価が暴落することもない。
⑥賃貸業のような空き室リスクによる持ち出しがない。
⑦増え続けているインバウンド効果の恩恵を得られる。
このように、儲けられる理由がいくつも揃っているため、昨今では外国人もラーメン店投資に注目し始めています。

3 飲食店の中でラーメン店は回転率が高い

飲食店経営で重要なことの1つに回転率があります。

これは、1日のうちに同じ座席で何人のお客さまが座ったかということです。

ですから、この回転率が高いほど、1つの席から多くの注文を受けたことになります。

つまり、回転率が高いとは、1つの席の売上が高いということです。

よく、カフェなどで参考書を広げて勉強している学生を見ることがあります。あれは長時間その席を占領しているわけで、飲食店側としてはとても迷惑だということが分かります。また、ゲームに興じている学生もいます。

特に稼ぎ時のお昼にテーブルを長時間占拠している学生は、迷惑以外の何ものでもありません。それでも追加の注文をしてくれているのであればまだよいのですが、ほとんどの学生は水を飲んで居座っています。

そのため、最近のカフェではお昼休み時間は2時間まで（これでも長いと思いますが）のご利用でお願いします、と言って制限時刻を書き込んだプレートを渡す店も増えてきました。

あるチェーン店のカフェなどは、お年寄りのたまり場になったことで回転率が下がって閉店に追い込まれたところもあります。憩う場所のないお年寄りには気の毒なのですが、せめて数十分おきに追加注文してくれていれば、その店は長く憩いの場として営業を続けることができたでしょう。

その点、**ラーメン店の回転率は、飲食店の中でも飛び抜けて高い**という特長があります。なにしろ注文してラーメンが提供されるまでが短いです。細麺を使っているお店であれば30秒ほどで麺がゆであがりますので、注文を受けてから1分ほどでラーメンを出すことができます。長くゆでるお店でも3分以内には出せます。

また、**ラーメン店にはラーメンを食べに来る人がほとんどだからです。ラーメン店で勉強する学生や集っているお年寄りはいません**。

ときどきラーメンよりもビールを飲みに来ているお客さまもいますが、たいていの場合はビールやおつまみを追加注文し続けていますので、回転率の低さを補ってくれています。

ラーメン店に匹敵する回転率の高さを持った飲食店は、他には立ち食い蕎麦屋さんや牛丼屋さんくらいでしょうか。

4 しかし、あえて遅くラーメンを提供するときもある

ラーメン店は回転率が高いとお話ししました。それは、1つの座席が生み出す売上が高いということです。

しかし、**いくら回転率が高いとはいえ、そもそもお店にお客さまが入ってこなければ回転が始まりません**。そこで私は、オーナーや店長に、「あまり早くラーメンを出さないでください」「少しゆっくりめに仕事してください」とアドバイスすることがあります。

回転率が命の飲食店で何を真逆の指導をしているのか、と思われることも多いのですが、これは作戦です。

それは、お店を人気店にしてお客さまを増やす作戦なのです。

日本人は行列ができているお店が気になって仕方がありません。行列は人気店の証しだからです。そのため、中にはサクラを雇って、やらせの行列を作るプロモーションもはやりました（もしかすると、いまだにやっているお店があるかもしれません）。

しかし、私はサクラなど雇わなくても行列を作ることができます。それは、**「座席を減らすこと」**と**「ラーメンの提供を遅めにすること」**です。

こうすれば、一度に入れるお客さまが制限されてしまいますし、回転率もやや下がりますので、行列ができやすくなります。

せっかく人気店になれるほどのおいしいラーメンを出しているのに、そのことに注目されなければお客さまは増えません。わずか3～4人の列ができただけでも、道行く人たちが注目し始めます。

そして、**行列は行列を呼びます**。

いったん、さばけないほどの行列ができてしまえば、あとはこちらのものです。そこからは回転率を上げて売上を伸ばせばよいでしょう。

ただし、くれぐれも注意してください。

この作戦をとれるのは、あくまでラーメンがおいしいという条件があります。まずいのに待たせれば、あっという間に最悪な評判がネット上に書き込まれてしまいます。

おいしいからこそ、待たされたお客さまは「待ったかいがあった！」と喜んで高い評価を書き込んでくれるのです。

ここは間違えないようにしましょう。

5 現金商売なので確実に日銭が入る

ラーメン店に限らず、飲食店経営の良い点は、売上が即現金として入ってくることです。いわゆる「現金商売」ですから、確実に日銭が入ります。

現金商売の良いところは、なんといっても回収が早いということです。他の商売ですと、納品を月末で締めて翌月末の振込といったことが起きます。建築業などになると、工事に着手して費用が発生し始めますが、売上を回収するのは数カ月後といったことは普通です。

しかし、商売をしていれば、仕入れ費や光熱費、家賃、人件費と、出ていくお金は待ったなしです。そのため、日々現金が入る商売は、売上の回収が即時に行われますので、資金繰りが楽になります。

ただ、この状態がいつまでも続くとは限りません。というのも、日本でもキャッシュレス決済が普及を始めているためです。

キャッシュレスには、現金を狙った強盗に入られなくなることや、現金の管理がなくなることなど、様々なメリットがありますが、その半面、回収までにタイムラグが生じることや、様々な決済方法に対応するための設備を導入しなければならないこと、そして決済手数料を取られることなどのデメリットがあります。

とはいえ、キャッシュレスは時代の流れですから止められません。特にインバウンドを期待した場合、外国人はキャッシュレスであることを期待しています。

これからは、キャッシュレス対応が当たり前の時代が来ますので、そのための準備も必要になってきます。

6 ラーメン店投資を始める3つのパターン

ラーメン店投資の始め方には次の3つのパターンがあります。
①土地探しから始めて一からすべて作る。
②居抜き物件を購入して始める。

③現存するラーメン店を買い取る。

私のところには、いずれのパターンでも相談に来られますし、いずれのパターンにも対応しています。

土地探しから始めて一からお店を作り上げる場合は、1000万〜2000万円かかる場合があります。

居抜きの場合は安ければ200万〜300万円ですが、平均的には400万〜500万円かかることが多いです。

そして、店ごと買い取ってしまう場合というのは、何らかの事情により、閉店しようとしているお店を買い取るのです。この場合は300万円前後といったところです。

どのパターンで始めるかは、動機によります。たまたま良い物件を見つけたので、そこで始めたいという人もいますし、先に予算が決まっているので、その予算内で始めるにはどのようなお店がよいか、というご相談もあります。

フランチャイズに加盟する場合は、店舗の規模や立地条件、駐車場スペースなど、いくつもの制約の中で画一的なお店しか出せません。

しかし、私にご相談いただく場合は、投資する方自身がフランチャイザーになりますから、自由度はかなり高くなります。

私も、相談に来られた方の予算や居抜き物件の規模、あるいは立地など、様々な条件に合わせて柔軟なアドバイスをさせていただいています。

7 一番成功しやすいのは「居抜き」の店を買って店長を雇うこと

ラーメン店投資の始め方には3パターンありましたが、お勧めなのは居抜き物件を購入して始める方法です。その最も大きな理由は、初期投資を低く抑えることができることです。

ただ、かつてそこで営業していた飲食店が閉店した理由については分析しておく必要があります。つまり、その物件に問題があったのか、他の問題だったのかを見極めておく必要があるためです。

もし、物件自体に問題がなかった場合は、立地条件と飲食店の種類の相性だったのか、品揃えだったのか、そもそも味が悪かったのかなどといったことを確認しておきます。

それらを確認した上で、問題ないと判断できたら、初めて投資します。

そして居抜き物件を購入して始めることをお勧めしているもう1つの理由は、開店までのスピードが格段に速くなることです。早ければ1カ月でオープンできます。

準備期間が短くて済むということは、それだけ初期投資が小さくなることを示していますし、「あれ、この間閉店した所に、また新しいラーメン店ができている！」と話題にもなりやすいのです。

一方、一からお店を作るパターンでは、まったく何もデータがない状態から始めることになります。もちろん、私がプロデュースする場合はその地域の市場性や立地条件などを調査してある程度の売上予想を立てますが、どうしても実際にやってみなければ分からない部分があります。

したがって、一からお店を創り上げる場合は、商売が成功するための明確な強みや差別化があることが条件になってきます。それまでお店がなかったところにお店ができるわけですから、それを目にした人たちの間では注目されますが、同じ地域に住んでいても、その辺りを通らない人たちには気付いてもらえません。

そのため、オープンに当たり、宣伝活動に力を入れる必要があります。

8 居抜き物件は、買うか借りるか

居抜き物件（内装や厨房設備、空調設備、什器などの設備がそのまま残った物件）を手に入れるには、借りるケースと買うケースがあります。どちらが良いとは言えませんが、初期費用がどのくらいあるか、物件の持ち主が売りたがっているか、あるいは貸したがっているのかによります。

また、建物は賃貸でも、設備は購入するという場合もあります。建物を売りたい人の中にはテーブルや食器洗い機、コンロなどをただで譲ってくれる場合もあります。

以前は居抜き物件の持ち主が手放したがっているときは、購入することはそれほど難しくなかったのですが、最近は居抜き物件がお金になるということが知られるようになり、簡単に手放さない場合も増え、金額の交渉が難しくなることもあります。

居抜き物件は改めて保健所に図面を添えて審査を受ける手間が省け、また、近隣との問題も起きにくいというメリットがあります。

それまで飲食店がなかった土地でお店を開こうとすると、近隣住民の同意を得ておかないと面倒なことになります。それは、飲食店ができればにおいや煙、車の出入り、騒がしいお客さまの出入りなどがクレームになる場合があるためです。

9 なぜ、ラーメン店はローリスクでリターンが早いのか？

私がプロデュースしてきたラーメン店の規模は様々ですが、10席くらいの規模が最もリスクが小さいように感じます。10席までなら、1人でもなんとか回せます。しかし30席を超え始めると、スタッフは5～6人が必要になってきます。

当然、その分人件費もかかりますが、仕入れコストや無駄も大きくなってきます。**10席くらいのお店であ**

れば、もしも売上が下がったり、最初から予想していたほどの売上がなかったときに、迅速に方針転換や立て直しができます。

しかし、規模が大きくなるにつれて、小回りが利かなくなってきますので、何をするにも大がかりになってしまうのです。

とはいえ、やはり自らがオーナーとなるラーメン店投資は、たとえば、どこかのフランチャイズに加盟した場合は、頑張っても利益率は5％程度ですが、自らがフランチャイザーとなるラーメン店投資では、15～20％程度の利益を出すことができます。

私はこのことをハイリターンであるとはあまり言いません。ハイリターンというと、なにやら一獲千金やぬれ手で粟《あわ》的な響きを感じるのですが、ラーメン店投資は地道に稼いでいくものだからです。

とはいえ、確かに他の不動産投資などに比べれば、投資に対する回収は早いです。

どのくらい早いかというと、**４００万円程度なら1年間前後で回収できてしまう**ということです。仮に回収率が悪い経営状態だったとしても2年間で回収できるでしょう。

これが不動産投資であれば、10年や20年といった長いスパンで回収計画を立てざるを得ません。それくらい長くなると、世の中がどうなっているか分かりません。

10 繁盛ラーメン店であり続けるために必要なこと

一度人気ラーメン店になれば、よほどのことがなければ安定した収益を上げ続けることができます。

よほどのこととは、味が落ちてしまうことや店内の清潔感が失われることを示します。もちろん、スタッフの対応が悪くなることも注意しなければなりません。私はお金に余裕がある人に対しては、**2〜3年のペースでお店のリニューアルを行う**ことを勧めています。

リニューアルといっても全面的に工事する必要はなく、目立って劣化しているところを補修したほうがいいですよ、と勧めています。たとえばテーブルや椅子が劣化してきていれば、まとめて新しいものに交換する。壁や床などお客さまの目に触れるところが劣化して清潔感がなくなったり貧乏くさくなっているようであれば、補修してきれいにします。

すると、これだけでもまるで違う店になったかのような印象を与えてくれます。明るさが増し、清潔感も増しますので、なじみのお客さまにとっても気持ちが良いですし、初めて来店されたお客さまにとっても、第一印象が良くなりリピート率が上がります。

また、もしも売上が目に見えて下がり続けているときは、**思い切って看板を変えること**を提案しています。**同時にメニューも変えてしまいます。**

すると、いきなり売上が上がります。

なじみのお客さまは店長やスタッフの顔を覚えていますから、「ああ、リニューアルしたんだね」とお店側が事業を大事にしている印象を持ってくれますし、長いこと遠ざかっていたお客さまや遠目に見ていた人たちからすれば、「あ、店が新しくなった」という印象を持ちます。

で、実際に入ってみると、確かにメニューも違うわけです。ラーメンの場合は、材料の組み合わせやスープの組み合わせでいろいろなバリエーションを作り出せますから、メニューの変更はそれほど難しいことではありません。

11 憧れのあのお店の味も再現できる

ラーメン店投資をされる方が、ご自身が特に気に入っている憧れのラーメン店の味を再現できないだろうか、と相談されることがあります。

これはできます。

私がプロデュースするラーメン店は「工場系」であるとお話ししましたが、**工場系ではスープや返しの味を安定させることが可能なことと同時に、様々な味を再現することも可能になります。**ですから、投資される方が再現したいと考えているラーメンがあれば、私はメーカーの担当者を伴って食べに行きます。

すると、私もメーカーの人も、ラーメンのプロですから、「ああ、○○と○○が入っているんだね」といった具合に、すぐにその味の要素を分析することができます。

あとは、メーカーで同じ味になるように調合できるのです。

ただ、本当の製法までは分かりませんので、まったく同じ味ではないかもしれません。

それでも、ほぼ同等の味を再現できます。

これは、他のラーメン店ではまねができない技術です。また、日々一定の味を維持するという技術もなかなかまねできません。これが工場系の強みです。

ちなみに、私がプロデュースする場合はぜひ、私が指定するメーカーの麺とスープを使ってほしいのですが、このメーカーから皆さんのお店が麺とスープを仕入れることができるのは、私がこのメーカーと提携していることによります。

この工場に個人で仕入れたいと申し入れても、個人のお店では購入量を約束できないため取引してくれません。ましてや味の再現など受け付けてくれません。しかし、私がプロデュースする場合は、間違いなく繁盛させるだろうという信用を得ているため、味の再現も取引も受け付けてくれます。

12 同じスープから何十種類の味を出せるわけ

ほとんどのラーメン店ではラーメンの味のバリエーションを増やすために、様々なスープの味を出そうと工夫しています。中には数日間煮込まないと作れないスープもあります。

しかし、私の方法では、スープは1種類だけで十分です。この1種類のスープから、何種類もの味を出せるためです。その秘密が「返し」です。

どんぶり1杯に60ccの「返し」を入れるのですが、「返し」の中に様々な味やうま味のエッセンスが入っています。同じスープを使っていても、「返し」を変えることで異なる味のラーメンを作ることができます。

つまり、**メーカーから1種類のスープと複数の「返し」を仕入れて使い分けるだけで、何十種類ものスープを瞬時に作り出せるのです。**

この発想は当初メーカーにもありませんでした。この方法を使えば、ラーメンの味ごとに異なる製法のスープを作る手間も器具もスペースも節約できます。なにしろスープは量が多いので作り分けるとなると、相当に手間とスペースが必要になります。もちろん、光熱費がかかります。この方法は今のところ私しかできません。

工場系ラーメンのスープは、メーカーから配達されるときは冷凍されていて、お店で溶かす必要がありますが、私がメー

カーと共同開発したスープは常温で運べるというのが特長です。

メーカーから常温でスープが配達されてきますから、輸送費が安くなります。また、冷凍された状態から溶かすためのガス代も節約できます。スープは濃縮されていて、1パックから50〜60杯分作れ、1杯のスープが約40円でできます。

そしてもう1つ、スープと麺を安く提供できる理由があります。提携先のメーカーの子会社が餃子の製造と配達を行っていて、その流通網にスープと麺を乗せているためです。そのため、麺とスープの流通コストが低く抑えられているわけです。

この流通システムはメーカーの提供で、「藏本さんならウチのスープや麺の納入先を全国に広めてくれるでしょ」というメーカー側のもくろみがあったためだと言われました。

第3章まとめ

- ラーメン店は、自分で切り盛りするよりも投資したほうが儲かる。
- ラーメン店投資は、時間に縛られず、リターン率が高く、暴落しないので安心感がある。
- ラーメン店は、飲食店の中でも飛び抜けて回転率が高いので儲けやすい。
- ラーメン店は回転率を下げるとかえって人気が出る。
- ラーメン店は現金商売なので資金繰りが楽。
- ラーメン店投資には、投資する人の動機や資金力に合わせて店舗の規模や店舗の入手方法を変えられる柔軟さがある。
- 居抜き物件を購入し、店長を雇えば、すぐにラーメン店をオープンできる。
- 居抜き物件であれば、保健所への手続きも近隣住人への同意を得ることもすでに済んでいることがほとんど。
- ラーメン店投資は早ければ1年目で回収できてしまう。
- 売上が下がってきても、看板とメニューを変えると復活できる。
- 憧れのラーメン店の味を再現することは、実は簡単。
- 1種類のスープでも、「返し」を変えれば無数のバリエーションが作れる。

第4章 ラーメン店投資は他の投資とどう違う？

1 ラーメン店は経営できない、でも投資はできる

ここまで読み進められた方の中には、ラーメン店投資について、経営面と投資の面での境界が曖昧になってきたという人もいるかと思います。

確かに曖昧なところがあります。というのも、ラーメン店投資といっても、経営にタッチするかどうかは、自身で選べるためです。飲食店の経営というのは、なかなかに面倒なところがあります。時間も取られますし、精神的にも疲れます。また、仕入れの管理や人の管理にも労力を割かねばなりません。

また、よく分からずに興味のあるところだけに口出ししてしまうと、お店の経営がうまくいかなくなることもあります。飲食店の経営には、それなりの勉強や経験が必要になることが多いのです。ラーメン店投資をする方には、経営はプロに任せることをお勧めしています。

つまり、**純粋に投資だけして、現場のことは経営のプロに任せるので、サイドビジネスとして続けることが容易ですし、店舗を増やしていっても負担は増えません。**

さらにお勧めしているのが、投資を行うに当たり、会社を設立することです。つまり、その会社に出資するという形です。このことで納税者が会社法人であることが明白になり、財務上も管理しやすくなります。この会社から私に業務委託してもらう形を取ります。

このように、投資の面と経営の面を分けて考えていただいたほうがすっきりします。

時折、全面的に経営に介入される方がいますが、ほとんどが現場を混乱させてしまうという結果になっています。逆に、投資だけしてあとはお任せという方のお店は、順調に売上を伸ばし、店舗数も順調に増えてリターンを何倍にも増やしています。

2　10坪10席の店でもラーメン店投資はできる

ラーメン店投資は、予算に応じて行うことができます。300万円で始めたいという人にも、1000万円で始めたいという人にも、**それ相応の規模や方法で始められます。**たとえば、フランチャイズのファミリーレストランを始めようとすると、90〜150坪ほどの土地が必要です。

第4章

しかし、ラーメン店であれば、10坪で10席のお店から売上を上げることができます。つまり、**投資の敷居がかなり低い**ということが言えます。家賃の低い地方であれば、格安の物件を見つけることもできます。

小さなお店であれば1人でも回せますので、人件費も低く抑えて始めることができます。居抜き物件で器具などもそのまま譲られた場合などは、投資額が少ないだけでなく、最短1カ月後にはオープンして稼ぎ始めることもできるのです。

3 猛暑でも客が絶えず、寒い日にはチャリンチャリンと金が鳴る

ラーメン店は飲食店の中でも四季を通じて売上が安定しています。

夏は汗をかきますからラーメンの塩気が求められますし、暑さで食欲が減退しているときでも、ラーメンの味の濃さは食欲をかき立てる効果があります。一方、寒い季節はラーメンで体を温めたくなります。

このように、**ラーメンは一年中食べられます。**

とはいえ、これまではどちらかというと寒い季節のほうが売上が増えやすい傾向はありました。やはり酷暑や猛暑と言われるような日には、さすがに汗を流しながらラーメンを食べるのはちょっと、というお客さまもいたためです。

ところがこの数年、夏の売上が上がってきました。つけ麺がはやり出したためです。これはメーカーにとっても売上を安定させることで歓迎すべき出来事となりました。

ただ、ラーメンをつけ麺で食べるのは、今のところまだ東京圏の文化にとどまっています。関西でお店を出す場合には、ラーメンをつけ麺で食べる習慣がどのくらい受け入れられるか未知数です。

ちなみに、外国人にもまだラーメンをつけ麺で食べる習慣が広まっていませんので、もし外国人が来店したら食べ方をレクチャーする必要があります。そうしないと、彼らはめんつゆを麺にかけて食べてしまいます。とはいえ、現代はネットで情報が瞬時に拡散する時代ですから、誰かがつけ麺の食べ方をYouTubeなどにアップすれば、すぐに正しい食べ方を覚えてくるようになるとは思います。

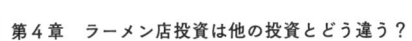

4 ラーメン店投資は田舎でもできる

ラーメン店投資をするに当たり、田舎だから無理だと思われる人がいます。確かに、限界集落のようなところでは、商売が成り立たないこともあります。ただ、普通に皆さんが思い浮かべるような田舎であれば、かえって儲けやすい場合もありますので、「ここはどうだろう？」と判断が難しい場合は、ご相談ください。現地に伺って、市場調査を行い、売上を推定して初期費用からランニングコストまでシミュレートしてみるのです。

たとえば皆さんがドライブしているとき、「この辺りは田舎だなぁ」と思う地域に行っても、夫婦2人で営業しているようなラーメン店がぽつんとあったりします。見ればずいぶんと長く続いているようで、お客さまも入っている。

田舎のラーメン店は、確かに都市部と比べれば比較にならないくらい売上が低くなりますが、その分変動費である仕入れ費も下がりますし、家賃や光熱費、人件費も低くなります。また、出店時の初期費用も低く抑えることができます。

一見、周辺に住宅が少なく工場や会社もない、という少し寂しいようなところでも、実は交通量が多くて車を停めやすければ、お客さまが絶えない、というお店もあります。このようなお店は、長続きできますから、田舎でも出店を検討する価値はあるとお伝えしています。

それに、都市部はお客さまも多いですが、競合も多い激戦区になりやすいです。近隣に競合が少ないという意味でも田舎での開業は有利になる場合があります。

ただ、単に土地代や家賃が安く競合が見当たらないからといって、安易に出店するのはやめたほうがよいでしょう。必ず現地調査による売上予測を立ててから出店の判断を行うべきです。

とはいえ、私が現地調査を依頼された場合は、「ここはダメですね」と否定することはあまりありません。よほどの場合のみです。出店するかどうかは、投資家の方の判断に委ねるのです。

私はその判断の材料を提供します。つまり、ここで開業すると月間あるいは年間でいくらの売上が見込めて、いくらのリターンが期待できるかを伝えるのです。

これは、どの程度の初期投資でどの程度のリターンがあれば投資してもよいかという判断基準が投資する人によって異なるためです。ちなみに、これまでは地方の調査とコンサルティングは、交通費と宿泊費をいただければ応じていました。遠いところでは沖縄県や北海道にも行きます。

ただ、さすがに最近は忙しい中でなんとか時間をやりくりしており、移動時間も含めて1日〜数日間拘束されることになるため、今後は気持ちほどのコンサルティング料をいただいたほうがいいかな、と考えています。

5 ラーメン店投資が儲かる平均シミュレーション

ここで、ラーメン店投資がどのくらい儲かるのかという具体的な例を紹介します。

まず、初期投資がどの程度必要か、他のフランチャイズに加盟した場合を見てみましょう。これはあくまで目安を算出したものです（表4−1参照）。

低くても1500万円、高いところでは7000万円となっています。しかし、私がプロデュースしているのは投資する皆さん自身がフランチャイザーになりますので、お店の

表4－1 〈事例紹介〉フランチャイズチェーンの費用比較

	A社	B社	C社	D社
2012年店舗数	330	95	519	101
加盟金	500万円	500万円	300万円	200万円
保証金	坪数×5万円	400万円	200万円	100万円
開業前研修費	35万円	20万円	30万円	－
開店支援費／宣伝費	30万円	20万円	20万円	－
ロイヤリティー	売上×1%	売上×5%	売上×5%	月額3万円
店舗運営指導費	売上×2%	－	売上×2%	－
販売促進費　月額	3万円	3万円	3万円	－
契約期間	5年	10年	5年	5年
開業資金の目安	4,000万円	7,000万円	3,500万円	1,500万円

高い加盟金、ロイヤリティー、初期投資

規模にも柔軟性があります。そのため、低いところでは300万円から始めることができます。

次に実際に私がプロデュースした都内足立区の「新とんこつ大学　綾瀬キャンパス」店の例で見てみましょう。ここは初期投資額の内訳は次の通りです。内訳が1000万円なので分かりやすいと思います。
・物件取得費　150万円
・改装費　500万円
・備品費　150万円
・運転資金　200万円
店舗は13坪で16席のカウンター形式です。
売上は年間を通して安定しており、月当たりの平均売上は242万円です。

表4-2 〈事例紹介〉新とんこつ大学FC綾瀬キャンパス店 利益構造のデータ　損益表

繁盛月			対売上比
売上		2,820,000	
	食材原価	784,000	28%
	飲料原価	56,000	2%
仕入原価計		840,000	30%
売上総利益		1,980,000	70%
	人件費	240,000	9%
	水道光熱費	200,000	7%
	広告費	10,000	0%
	消耗品費	10,000	0%
	通信費	10,000	0%
	交通費	20,000	1%
	家賃	210,000	7%
	その他経費	25,000	1%
販売管理費計		725,000	26%
ロイヤリティー（売上の3%）		84,600	3%
営業利益		**1,170,400**	**42%**

最低月			対売上比
売上		2,184,000	
	食材原価	611,000	28%
	飲料原価	43,000	2%
仕入原価計		654,000	30%
売上総利益		1,530,000	70%
	人件費	200,000	9%
	水道光熱費	180,000	8%
	広告費	10,000	0%
	消耗品費	10,000	0%
	通信費	10,000	0%
	交通費	20,000	1%
	家賃	210,000	10%
	その他経費	25,000	1%
販売管理費計		665,000	30%
ロイヤリティー（売上の3%）		65,520	3%
営業利益		**799,480**	**37%**

最低月でも約80万円、繁盛月では約117万円の収入

それでは、利益構造を見てみましょう。

売上の3％のロイヤリティーを引いたうえで、最低月でも79万9480円、繁盛月では117万400円の営業利益が出ています（表4－2参照）。

この売上と利益を他の一般的なフランチャイズ店と比較すると表4－3のようになります。

いかがですか？　**売上は一般的なフランチャイズ店の半額しかなくても、**

表4－3 〈事例紹介〉新とんこつ大学FC 綾瀬キャンパス店 他店との売上・利益　比較

	綾瀬キャンパス店	対売上比	他の FC 店舗	対売上比
売上	2,820,000		4,950,000	
仕入原価計	840,000	30%	1,830,000	37%
売上総利益	1,980,000	70%	3,120,000	63%
人件費	240,000	9%	480,000	10%
水道光熱費	200,000	7%	500,000	10%
家賃	210,000	7%	500,000	10%
その他経費	75,000	3%	220,000	4%
販売管理費計	725,000	26%	1,700,000	34%
ロイヤリティー	84,600	3%	247,500	5%
営業利益	1,170,400	42%	1,172,500	24%

売上は倍でも利益は同じに。
小さく売り上げて大きく稼ぐ！

手取りとなる営業利益は同じになっています。
　すなわち、**小さく売り上げて大きく稼げる**のです。年利回り20〜25%を狙えます。当然、店舗数を増やして投資を重ねていけば、金額が増えていきます。もし、飛び抜けて繁盛してしまったようなお店になると、仕入れコストの低下や食品ロスの減少が進むことによる効率的な店舗運営が可能になるため、いわゆる一山当てた状態になります。そのときは年利回り50%もまったくの夢ではありません。

6　他の投資のほうがおいしくないのか

ラーメン店投資より、一般的な投資のほうが儲かるのでしょうか？　代表的な投資を見ておきましょう。

◆自動販売機ビジネスはほとんど儲からない

ラーメン店投資と比較するのは少々無理があるかもしれませんが、ちまたでは**自動販売機を設置して不労所得を得る**というサイドビジネスが注目されているようです。確かに自動販売機は設置から補充、清掃のメンテナンスまでをメーカーに任せてしまう方法であれば、あとは設置場所の使用料（自分の土地なら不要）と電気代を負担するだけですから、まったく何もしなくてもお金が入ります。

これで儲けている成功例では、月に会社員の月給以上の金額が入ってくることもあるそうです。しかし、そのような成功例はかなり少数派だと考えたほうがよさそうです。

実は、私も自動販売機を設置しています。しかし収益は月に数千円いくかどうかです。

私の知り合いにも自動販売機を設置している人がいますが、本当に子どものお小遣い程度しか入らないと言っていました。

清涼飲料の自動販売機の場合、マージンは1本当たり20～25円です。一方、月の電気代は5000円前後かかります。つまり、毎日10本以上コンスタントに売れてくれないと、赤字で持ち出しになってしまいます。ところが、**1日に10本以上毎日売れるには、かなり条件の良い場所でなければ難しいでしょう**。

私の場合はラーメン店の近くに設置していましたが、それでも電気代を引いたら月に20000～40000円くらいしか残りませんでした。電気代がかからないという意味では、ガチャガチャやガチャポンなどと呼ばれるカプセルトイを設置するほうが多少は手取りが多くなるかもしれません。

ただ、東京・錦糸町のラーメン店の近くに設置した自動販売機は割と稼いでくれています。これは、ラーメン店のお客さまだけでなく、駅の利用者が購入していたためで、メーカーが1日に3回は補充していたほど売れていました。それでも、手元に残ったのは月に1万円前後です。

◆駐車場ビジネスはつまらない

やはり、不労所得として注目されているものに**駐車場ビジネス**があります。ただし、駐車場ビジネスを始めやすいのは、自分で空いている土地を持っている人です。

駐車場ビジネスには月極タイプとコインパーキングタイプがあります。いずれも**収益が良いか悪いかは立地条件次第**です。

うまく駐車ニーズが高いところに土地を持っていれば、不労所得を得ることができます。ただ、駐車場ビジネスは面白みがありません（と、少なくとも私は思います）。ラーメン店であればお店やメニュー、接客方針などで自分の個性を出したり、より売上を上げるために工夫することなどができますので面白みがありますが、駐車場ビジネスではそのような面白みは得られません。

◆資産運用は不動産だけじゃない

資産運用と言えば、**不動産投資**も注目されています。特にアパートや賃貸マンションをローンで購入して家賃収入を不労所得にするというものです。しかし、アパートや賃貸マンションには**空室リスク**があります。借り手がいない間は家賃収入がないため、本業の収入をローン返済に充てる赤字経営になってしまいます。

また、中古物件などを購入した場合、思わぬ**修繕費の出費**が発生したり、入居者が現れないことで家賃を下げざるを得なくなり、予定していたリターンを得られなくなったが、売却しようとしても購入時の価格では売れなくなっていたということもあります。

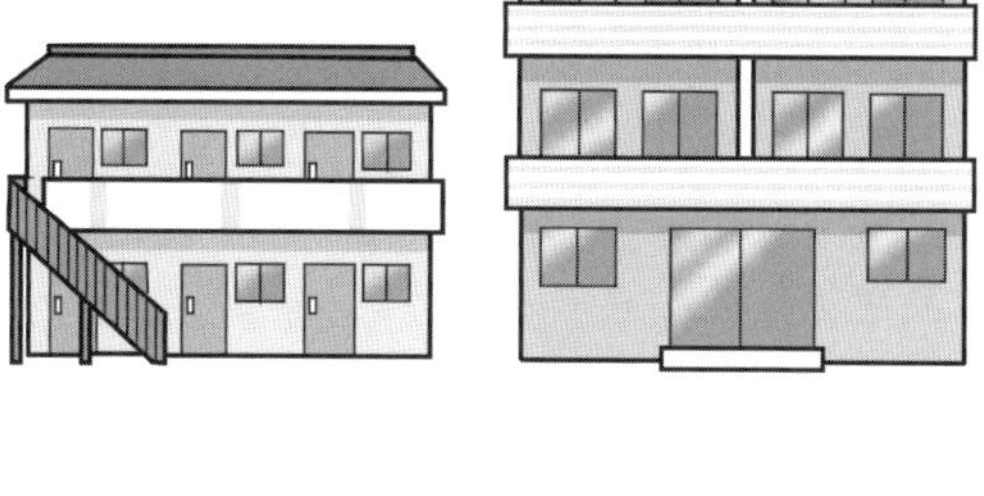

◆株、FX、先物取引は一晩で全財産を失う危険大

株式投資やFXは以前からサラリーマンには人気のある投資でしたが、最近ではスマートフォンを利用して取引できるようになったため、ますます手軽に投資できるようになり

ました。

しかし、**株式投資やＦＸは元本が保証されるわけではありません**し、株価が暴落したり為替相場が思惑とは逆に動いたりすれば、瞬時に投資した資産を失ってしまいます。しかも株式相場や為替相場は、投資した個人の工夫や努力でどうにかなるものではありません。かなり運任せな要素が高いと言えます。

◆ビットコイン投資には不確定要素が多すぎる

近年、ビットコインをはじめとする**仮想通貨投資**が流行しています。仮想通貨投資では、その価値が数十倍から数百倍になることもあり、一夜にして億万長者になった「億《おく》り人《びと》」と呼ばれる人たちが誕生しました。

この、絵に描いたような一獲千金を求めて、仮想通貨に投資する人が急増しました。**仮想通貨にはまだ未知な要素があり**、今後暴落する可能性もあれば、幾度も暴騰する可能性もあります。ですから、確かに数少ない一獲千金を狙える投資手段であることは間違いあ

りません。

したがって、仮想通貨については、夢を購入するくらいの気持ちで投資してみるのもありかもしれませんが、個人的にはやっぱり確実に儲かるラーメン店投資だな、と考えています。

◆銀行の投資商品はすずめの涙しか儲からない

堅実な運用を行うなら、銀行の金融商品だろう、という人も多いかもしれません。銀行を窓口とした金融商品には**普通預金や定期預金**、**外貨預金**、**仕組預金**、**国債**、**社債**、**投資信託**、**ＭＭＦ**などがあります。

銀行が取り扱っている金融商品というと、堅実な印象がありますが、すべてが元本保証ではありません。中には元本割れを起こす金融商品もあります。また、リターンがすずめの涙であることも特徴です。たとえば普通預金や定期預金の金利は０・００１〜０・３％程度です。外貨預金はもっと金利が良いですが、それでも実質０・５〜１・５％程度ですから、１００万円預けても1年で数千円のリターンしかありません。

南アランド（南アフリカの通貨ランド）のように金利が高い外貨は、政治的・経済的に不

安定な情勢によるリスクも高いということを示しています。我が国の国債も個人向け最低金利が０・０５％となっていますが、事実上はマイナスです。

このように銀行が取り扱っている金融商品の利回りは低いのですが、会社員としてコツコツ働いてきて投資などしたことがない人が退職金でまとまったお金を得た場合は、銀行くらいしか資産運用の相談先が思い浮かばないかもしれません。

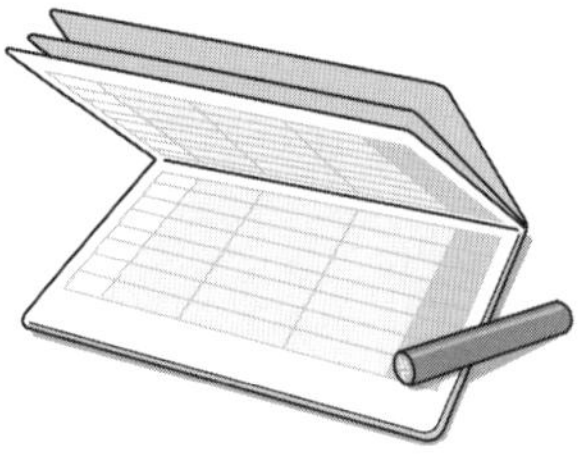

7　ラーメン店投資は実利も楽しさも手に入る

特に会社員の方が注目している投資もしくは不労所得を得られる手段について簡単に見てきました。それぞれ一長一短があると思いますし、投資される方の予算やリターンを得るまでの期間、そしてリスクに対する考え方などでどのような投資を行うかが決まってくると思います。

ただ、**リターンの大きさとリスクの小ささという点で比べれば、いずれもラーメン投資に及ぶものはない、というのが私の結論です。**

また、ラーメン店投資には、他の投資では得られない面白みがあります。それは、自分のお店を持つことができることや、実業家になれること、お客さまがいっぱい入って繁盛している光景を自分の目で確かめられること、お店を増やして事業を拡張していけることなどです。

8 自分も店長もモチベーションが高まるビジネスモデル

ラーメン店投資では、投資を回収するまでの期間が短いことが特長です。**早ければ1年、遅くとも2、3年で回収が始まります。**そもそも、3年以上かかっているようではお店自体がはやっていないわけですから、そうなる前に私がてこ入れします。

お店が繁盛するためには、立地条件やお店の造り、清潔感、メニュー、味など様々な要因がありますが、なんといっても店長やスタッフのやる気がなければ繁盛しません。

そこで私は投資家であるオーナーにとっても店長やスタッフにとってもモチベーションが高まる経営方針をアドバイスしています。

それは、**投資家であるオーナーは店長やスタッフの独立を支援してあげること**、というものです。ラーメン店の店長やスタッフとして働いてるような人たちは、いずれは自分で独立したいと考えているものです。

それを**オーナーは、辞められたら困るからといって阻止してはいけません**。逆なのです。私は投資家であるオーナーにお願いしているのは、オーナーにもどんどんお店を増やしてほしいので、今のお店の店長やスタッフが独立するときには投資家として支援してやってほしいということです。

つまり、店長やスタッフたちには、将来独立できるという道筋を示してあげてほしいのです。彼らが独立するときには、自分が絶対に支援するよ、と言ってくださいとお願いしています。

このことは、投資家にとってもお店を増やしていく近道になります。人は給料を上げるだけではモチベーションが上がりません。やはり将来の夢が叶《かな》う可能性が見えたときにモチベーションが高まります。

店長もスタッフも、将来はお店を持てたらいいな、と思いつつ働いています。しかし、先立つものがないから仕方なく雇われの身となって働いているのです。

ところが、現在のオーナーが独立を支援してくれるとなれば、夢が叶う可能性が確信に変わります。頑張ろう、と思います。

そしていよいよ独立できたとき、雇われの身から経営者に変わります。

そのとき、オーナーは投資家としてリターンを得られますし、フランチャイザーとしてロイヤリティーも得ることができます。こうして、お互いにモチベーションを高めながら、投資家はキャッシュポイントを増やしていけるわけです。

第4章まとめ

・ラーメン店の経営をプロに任せれば、投資は簡単。
・資金300万円でも、最短で1カ月後にラーメン店をオープンすることができる。
・汗をかくほど暑い日はラーメンの塩気がほしい、凍えるような寒い日はラーメンの熱いスープが恋しい。だからラーメンは一年中食べられる。
・こんな田舎に？　と思える場所こそ、ラーメン店は低コストで開業できて競合も少ない。
・フランチャイズに加盟するよりも、フランチャイザーになったほうが小さい売上でも大きく儲けられる。
・株やFXは瞬時に資産価値が暴落するリスクがあるので毎日ハラハラするが、ラーメン店投資は毎月収益が上がってくる。
・自分のお店が繁盛しているのを見ることは、ラーメン店投資の醍醐味。
・店長やスタッフが独立する夢を支援することで自分も儲かるラーメン店投資。

第5章

麺もスープも作らない。全部お任せ！

1 小さく始めて大きく儲ける。しかもお任せで

ラーメン店投資は、投資額に応じた規模のお店から始めることができます。最初は小さなお店から始めて、店舗を増やしていけば徐々に大きな投資になっていきます。**投資家は実際にお店を切り盛りするわけではありません**ので、調理人としての修業も経営者としての勉強も必要ありません。もちろん、しても構いません。

市場調査からメニュー、仕入れ、店長やスタッフの指導など、すべてプロデューサーに任せてしまうこともできますし、自分で決めたいところは決めても構いません。また、実際のお店の切り盛りは店長に任せてしまいます。

このように**任せっきりでも、1店舗当たりの月の売上300万円を目指すことができます。**

そして**投資家はその20～25%を得ることができます。**つまり、任せっきりで毎月60万～75万円の不労所得があるということです。

投資家は、私にコンサルティング料やプロデュース料を支払う必要はありません。スー

図５－１　１店舗当たりの売上３００万円とした例

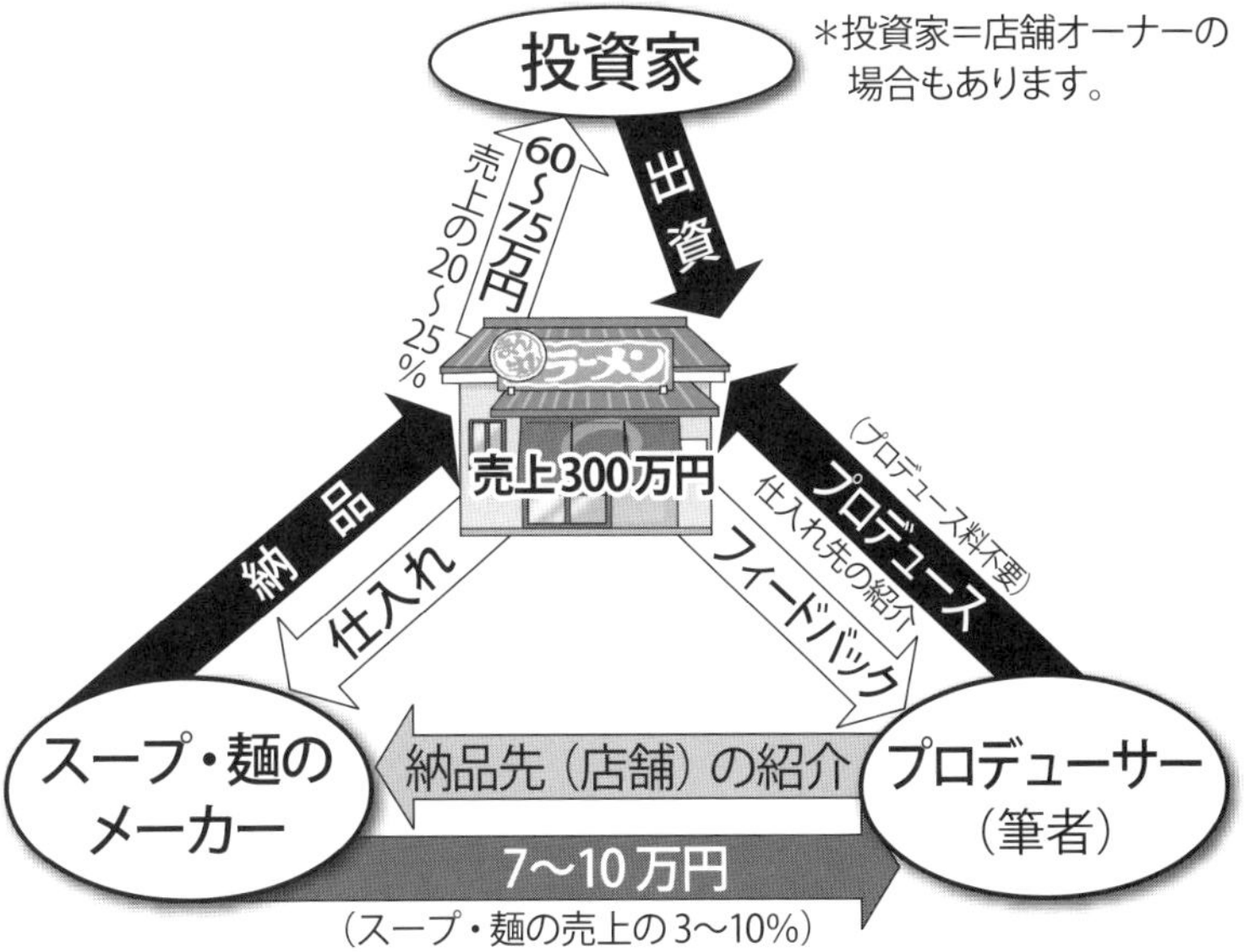

プと麺を私の指定するメーカーから仕入れていただくと、その売上の一部が私に支払われる契約になっているためです。
たとえば図５－１のように月に３００万円の売上でしたら、メーカーから私に７万～10万円が支払われます。
ちなみに現在、私がプロデュースしたお店の中で月に３００万円の売上を出しているのは60店舗前後あります。

2 ラーメン店を開くのに修業は必要ない

多くの人が、何事においてもプロになるためには長くてつらい修業が必要だと思い込んでいます。ですから「石の上にも三年」といったことわざが今でもよく使われます。ましてやラーメン店の世界は師匠の元に弟子入りして、教わるのではなく盗むくらいの覚悟で厳しい修業に耐えなければならないという思い込みがあります。

しかし、それはもはや時代遅れです。

私がプロデュースするビジネスモデルは、麺とスープを私と提携しているメーカーから仕入れていただきますので、誰でもすぐにおいしいラーメンを作ることができます。スープも豚骨などの材料を仕込んで何時間も、あるいは何日も煮込む必要はありません。メーカーから届いたスープを温めるだけですから、光熱費も抑えられますし、常に安定した味を出すことができます。

また、投資家であるオーナーがこだわりたい味も、一度メーカーで再現できれば、あとは同じ味のスープが提供され続けますので、たとえばお店のスタッフが代わっても、味が変わることはありません。

そこに、職人の技は不要なのです。

その上、経営のノウハウも提供しますので、経営の勉強や修業を積んでいなくてもすぐにお店の経営を軌道に乗せることができます。ですから、投資家は、迅速にお店を開業することが可能なのです。

3 ラーメンの味は100点でなく90点でいい

スープのベースは「醤油」「味噌」「塩」「とんこつ」「魚介」の5種類です。このベースから、「塩とんこつ」や「魚介とんこつ」などのバリエーションが生まれます。

一方、麺には「太麺」「中麺」「細麺」「ストレート麺」「縮れ麺」の5種類があり、麺の断面にも丸形と四角形があります。

たとえば、太麺はスープが絡みやすいので濃いめの味を好む若者には人気が出ます。そのお店が学生街にあるのかビジネス街にあるのか、などで決まってくる客層に合わせた麺を選ぶこともできるのです。

いずれにせよ、**ターゲットとする顧客層とお店の方針が決まれば、あとはそのイメージに近いスープと麺をメーカーが製造して提供してくれます。**

ただし、ここで注意したいのは、ラーメンは１００点満点の味を求める必要はないということです。メーカーが再現できる味も90点であれば十分です。

ラーメンの味というのはこだわれば売れるというものではありません。１００点満点を目指しすぎると、いつまで経ってもお店をオープンできません。また、完成度が高くても売れるわけではありません。**１００点満点の味は飽きられてしまう**のです。

ラーメンは90点くらいの味で提供して、あとはお客さまが自分の好みに合わせて卓上の薬味で味付けして、そのお客さまにとっての１００点が出ればよいのです。

4 1店舗へ投資するまでの流れ

ここで、ラーメン店投資の流れを見ておきましょう（図５－２参照）。

図５－２　オープンまでの流れ

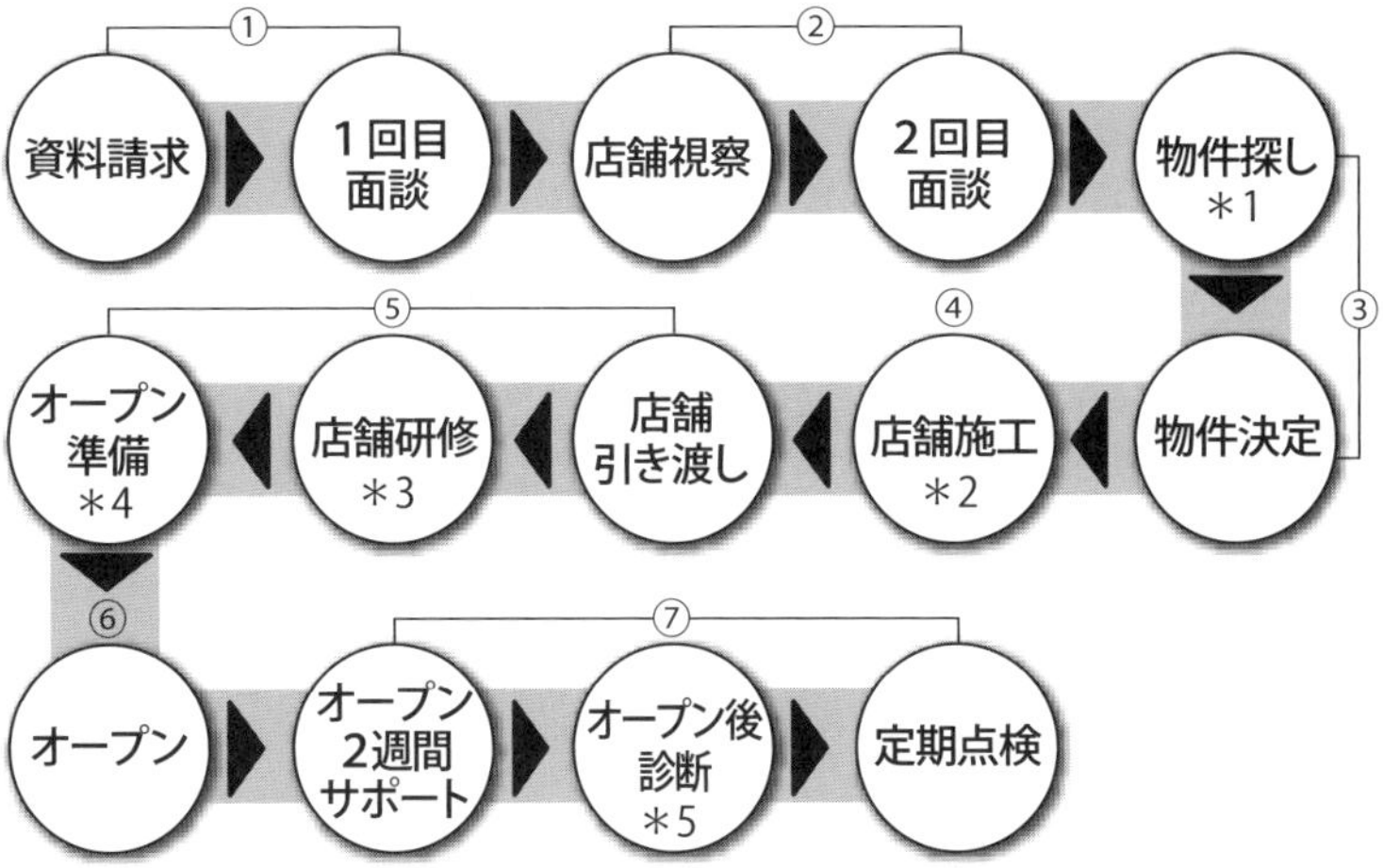

＊1 当社のパートナー会社が優良居抜き物件情報を優先的に紹介。
＊2 施行は物件にもよりますが、最短２週間～１カ月で可能。
＊3 研修は直営店にて２週間実施。基本契約は２名まで。
＊4 オープン準備も含めて、当社スタッフが最新のオペレーションと接客を指導。
＊5 オープン後に問題点がないかを確認し、改善指導を実施。

①**資料**をお渡ししますので、確認していただきます。その上で投資家さんとラーメンプロデューサーの私とで1回目の**面談**を行い、投資家さんがすでに候補地や候補の居抜き物件を決めているのか、あるいはお持ちの土地なのかなどについてお聞きします。
②候補地や居抜き物件があれば、**視察**を行います。その上で、2回目の**面談**を行い、契約内容を精査します。私はできるだけ投資家さんの意向を反映させたお店を開けるように十

図5-3　フルサポートシステム

物件探し	マーケティング	資金調達	設計・施工
什器調達	食材提供	研　修	ノウハウ
備品提供	人材教育	改善指導	2店舗目出店サポート

お客様を成功に導き、夢を叶える
独自のワンストップ&フルサポートシステム。

分にお話を伺います。
③もし、**物件**の当てがない場合は、私のパートナー会社が投資家さんの希望に合った物件を紹介できます。投資家さんが納得のいく物件が見つかるまで徹底して探し続けます。
④物件が決まれば、どのくらいの修繕費や改装費がかかるのかを確認します。確認ができれば、**施工**に入ります。予算との兼ね合いもありますので、慎重に進めます。
⑤店舗の準備ができたらお**引き渡し**し、**店舗研修**を行い**オープニングの準備**に入ります。
⑥この時点までに**店長やスタッフ**は私が探します。店長については常に希望者をたくさん確保していますので、その中から紹介していきます。
⑦**オープン**した後も、1〜2週間は私が現場に張り付

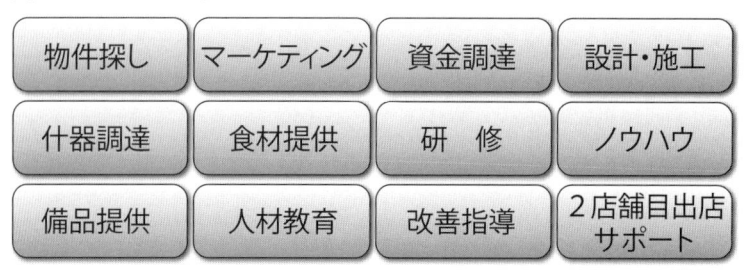

いて**指導**や**状況の確認**を行います。もし、改善点が見つかればすぐに体制を整えます。お客さまの層や来店数などあらかじめシミュレーションは行っていますが、実際にオープンしたら多少のずれが生じていることがあります。このときは、すぐに**対策**を行います。また、店内の造りでも、想定外のお客さまの動線が発覚するなどしますので、すぐにテーブルの配置やレジ位置、券売機の位置の**調整**などを行います。
本来であれば、店舗探しは不動産会社、設計は設計会社、工事は工事業者というように異なる業者に依頼する必要がありましたが、私のコンサルティングでは、「フルサポートシステム」として、物件探しからマーケティング、資金調達から始まり、店舗の設計・施工、什器調達、備品提供、食材提供を一**括して請け負います**ので、**手軽で安心**なだけでなく、**統一感のある店づくり**が実現できます。また、店長やスタッフの研修・教育、そして経営のノウハウも提供します。さらに開店後も改善指導を行い、1店舗目が軌道に乗った後の**2店舗目以降の出店サポート**まで行っています（図5－3参照）。

5　ラーメン店投資の初期費用はいくらかかるのか？

それではラーメン店をオープンするには、具体的にどれくらいの費用がかかるのでしょうか。

一般的なフランチャイズですと1500万～7000万円かかりますが、私がプロデュースしている場合は、300万円からでも開業可能であるとお話ししました。ただ、300万円でできるのは様々な条件がうまく揃ったぎりぎりの予算です。常に300万円でできるということではありません。

比較的現実的な低予算の400万円で見てみましょう。条件として、**居抜き物件を利用**できることとします。

改装費に300万円（内訳は、看板装飾に100万円、内装補修に50万円、そして最低限の厨房設備に150万円）、物件取得費（物件契約保証金など）として100万円かかります。

これで、**10坪で10席ほどのお店を開くことができます。**

6 自己負担金と賢い借入方法

もし、現在手持ちの資金はないけれども、どうしてもラーメン店投資をしたい人にも、方法はあります。それは、**オールリース**という方法です。すべてをリースで調達することで、**当座の現金が最低額で済みます**。

実は居抜き物件専門でオールリースを組む会社があります。手持ちの資金がない人はここを利用して開業する方法があるのです。この居抜き物件専門会社というのは、**サブリース**を行っているのです。つまり、投資家さんが直接居抜き物件を借りるのではなく、サブリース会社が不動産会社から借ります。それを投資家さんに又貸しします。投資家さんは不動産会社と直接賃貸契約を行いませんので、敷金などが不要になるわけです。

そして、**サブリースの費用に工事費や設備投資にかかった費用が60回払いなどの分割で家賃にのせられます**ので、投資家さんは初期費用としてまとまったお金を必要としません。

ただ、分割払いが続いている間は、たとえば家賃10万円に、分割された初期費用の10万円を加えた20万円を払い続ける必要があります。

結局、月々の返済額が大きくなるため、私は積極的には推奨していません。どうしても資金ゼロで始めたい、という方にのみ紹介している方法です。ただ、サブリース会社は私からの紹介を喜びます。なぜなら、私がプロデュースしたお店は繁盛するためです。つまり、サブリース会社としては安心して回収できるというわけです。

しかし、私はもう1つの方法を勧めることが多いです。

それは、**銀行から融資してもらう方法**です。銀行から融資を得られる信用がない、という方には、サブリース会社を紹介しています。

ちなみに居抜き物件の持ち主である大家さんにとっては、お店のオーナーと直接賃貸契約を結ぶよりも、サブリース会社との契約を喜びます。これは、オーナーと契約しているとお店が撤退したときに、家賃収入が途絶えてしまうリスクを負うためです。

ところが、サブリース会社はその物件がサブリースされていようがいまいが、大家さんに家賃を払い続けます。ですから、大家さんにとっては空室リスクがありません。このようにサブリースは大家さんにとってメリットがあるため、これは、という優良物件はすでにサブリース会社が押さえていた、ということも多くあります。

その場合は、投資家さんがどうしてもこの物件を使いたいということであれば、やむなくサブリース会社と契約していただくことになりますが、こだわりがなければ別の物件を探して紹介します。ただ、サブリース会社と私は知らない間柄ではありませんので、投資家さんのために賃貸料交渉を行うようにしています。

7 赤字ラーメン店は全部自分で作る。黒字ラーメン店はすべてお任せ

よくテレビで人気のある（またはあるとされている）ラーメン店の厨房の様子が映し出されることがあります。

そこではたいてい、麺やスープにこだわりをもった店長が、**選び抜いた材料を使って何時間も、あるは何日間もスープを煮込み、納得のいく味が出なかったら捨ててしまう**というたすさまじいまでの味への探求心がドキュメンタリーとして描かれています。

しかし、そのようなお店は実のところ**味にムラができやすく**、今はテレビで取り上げられるほどの人気があるかもしれませんが、数カ月後から数年後には赤字で閉店しているかもしれません。

というのは、**あまりに材料費や光熱費、そして労働時間に無駄が生じているため、原価率が高くつきすぎている**ためです。たとえばスープをお店で一から作っている場合、一晩かけて煮込むといったことをしますので、1カ月のガス代だけで30万円がかかっているなどということはざらにあります。

ところが**メーカーが製造した**パックの**スープを使えば、1時間もあればできてしまうので、比べものにならないくらいコストを削減できます**。ガス代はかかっても月額10万円程度です。麺もメーカーから仕入れたほうが断然安くなります。

ただ、チャーシューだけはメーカーから仕入れるより、お店で作ったほうが若干安くなります。もちろん、チャーシューもメーカーに任せることはできます。

このように、何もかもお店で作ろうとすると、大きなコストがかかる割には味が安定せず、かといって売り値は他店との競争がありますからそれほど上げられません。

その結果、赤字になってしまいます。

一方、メーカーに任せたほうが安く上がるところをすべてメーカーに任せているお店は、コストを抑えつつも一定の味を出せますので、黒字が大きくなります。しかも、何をメーカーに任せて何を自店で賄うかについては、プロデューサーに任せれば最も効率が良い組み合わせを決めてくれます。

8 あなたのラーメン店のコンセプトを作りましょう

とにかくお店のことはプロデューサーに任せるほうが効率が良いということをお伝えしてきました。しかし、**お店のコンセプトについては、投資家さんに一緒に考えてほしいと思います。**

確かにコンセプト作りにおいてもプロデューサーが市場調査に基づいて決めていきますが、やはり、ご自身のお店ですから、希望は遠慮なく伝えてください。こんな雰囲気のお店にできないだろうか、あのお店の味を再現できないだろうかなど、**できる限り投資家さんの要望を取り入れたコンセプトをプロデューサーとして考えます。**そのことで、自分らしさを感じて愛着が持てるお店を作ることができます。

第5章まとめ

- 何もかもプロデューサーにお任せで、毎月数十万円の不労所得を得られる。
- ラーメン店投資では、経営の勉強も、調理人の修業も必要ない。
- ラーメンの味は、100点満点よりも90点くらいのほうが、飽きられない。
- ラーメンプロデューサーに任せれば、物件選びから従業員の指導までお任せ。
- 手持ちの資金がなくても、オールリースでラーメン店を開業できる。
- お店を黒字にしたければ、麺もスープもアウトソースする。
- プロデューサーにお任せでも、自分が愛着の持てるお店を作ることができる。

第6章

ラーメン店投資を拡大する方法、教えます

1 儲かるラーメン店投資のかけ算とは？

ラーメン店を自分で切り盛りするのではなく、ラーメン店投資をしてオーナーになると、収益はかけ算で増やしていくことができます。たとえば月に３００万円の売上がある店舗を2店に増やせば、単純に「３００万円 × ２」で６００万円になります。同じように3店にすれば９００万円になります。

しかし、**投資家さんの労力は1店舗も3店舗もあまり変わりません**。

ですから、儲かるお店を1店舗作り、胴元となって2店目、3店目と増やしていくことで、不労所得が2倍、3倍と増えていくのです。

このとき、たとえばフランチャイズ募集のＷｅｂサイトを作りたいという場合は、予算をいただければ私がフォローします。フランチャイズ募集の記事もうんちく豊かな文章で書くことができます。

また、応募者からの問い合わせについても投資家さんでは手に負えないことが多いので、私がお受けします。ラーメンプロデューサーの私なら細かく説明できますし、これまでの実績で信用されます。

1店目が繁盛すると、つい気が大きくなって2店目のオープンはすべて自分で仕切ろうとする方がいますが、その場合はほぼ失敗します。

2 1店舗より3店舗のほうが利益が安定する

投資のかけ算についてお話ししましたが、無理に店舗を増やす必要はありません。やはり投資家さんごとに目標額や考え方は異なりますから、あくまで投資家さんご自身の方針次第です。

1つの店舗だけでいろいろと工夫して育てたいという方もいらっしゃいますし、どんどん店舗を増やして拡大していきたい、という方もいらっしゃいます。ただ、できれば3店舗くらいは持っていたほうがよいですよ、とお勧めすることはあります。

というのも、安定したリターンを狙う投資の基本として**分散投資**があります。この考え方はラーメン店投資にも当てはまるのです。

図6－1　3店舗に増やすメリット

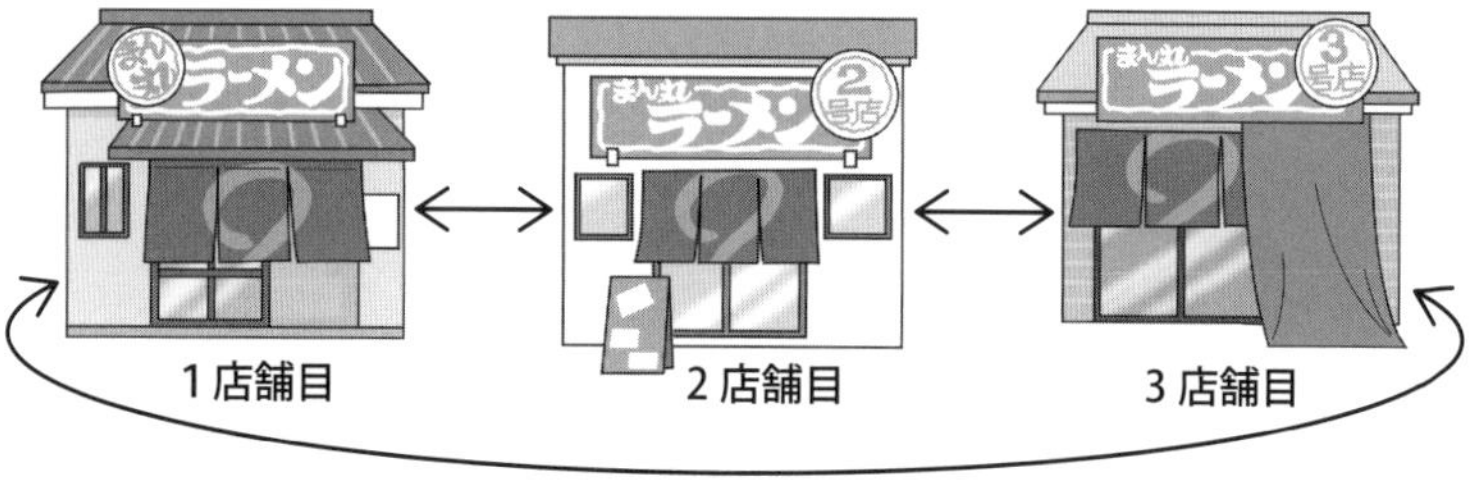

3店舗あれば、売上、人員不足、食材ロスをカバーし合える。

3店舗あれば、どれか1店舗の売上が落ちたときがあっても、他の2店舗でカバーできるということです。その結果、全体のリターンは安定します。また、近隣で3店舗持っていれば、食材のロスや人員の不足をカバーし合うことができます（図6－1参照）。

さらに人材教育でも役立ちます。最初に立ち上げた店舗を**新人研修の場**にしておけば、その店舗に教育ノウハウと経験が蓄積されていくためです。その結果、他の2店舗では研修を行う手間が省けるようになります。

まだメリットはあります。それは**宣伝広告費の削減**です。

チラシやメニューの印刷を3店舗分まとめて発注すれば、印刷コストを節約できますし、広告を出すときにも3店舗分をまとめて出せば効率的です。しかも、チラシや広告に「○○店」「○○店」「○○店」と各店舗の住所や地図が掲載されていれば、「ああ、いくつもあるんだ」と繁盛している印象が残り、宣伝効果も高まります。
このようなことから、3店舗以上に増やすことをお勧めしているのです。

3 それぞれの投資例

ここで、8タイプの投資例を紹介しましょう。必ずしも、すべてが成功例ではありません。どこに問題があったか、考えてみてください。

CASE 1 ある商社の会社員の例

Aさん（44歳・男性）、自己資金：1000万円、借入額：0円

Aさんは商社に勤める会社員です。サイドビジネスとして不労所得を得られないだろうかと調べているうちにラーメン店投資を知り、私に相談されました。「**自分の店を持ちたい**」「**リターンは早く大きいほうがいい**」とのことで、ラーメン店投資に決めたそうです。

Aさんはすぐにラーメン店投資で成果を上げることができました。このことに気を良くしたAさんは、2人の同僚を私のところに連れてきました。2人はラーメン店投資を決め、2人でお金を出し合って共同オーナーになりました。

その結果、Aさんのお店も同僚お2人のお店も最初から月商が400万円をクリアし、リターンは20％で月80万円でした。投資額は1年目で回収できています。

CASE 2 ある不動産経営者の例

Bさん（58歳・男性）、自己資金：3000万円、借入額：0円

Bさんは不動産経営者として成功しており、十分なほどの資産と収入を得ていたのですが、自分のお店を持って飲食店をやってみたい、という動機からラーメン店投資を始められました。何人かの人に自分がお金を出すから飲食店をやってみないか、と声をかけたようですが、誰も乗ってこなかったのです。

そして、私の元に来られました。さすがに不動産経営者だけに、すでに良い物件を押さえていました。そのため、1カ月後にはオープンにこぎ着ける状態でしたが、もともと道楽的な動機が強かったために、儲け度外視で店内の装飾に凝ってしまいました。合板でもいいカウンターに、高価な分厚い一枚板を使ったり、壁に豪華な絵画を飾ったりしました。「こんなにお金をかけて大丈夫ですか?」と心配しましたが、「お金はあるんで藏本さんは気にしなくていい」と言います。そうして内装に3000万もかけてしまったのです。

しかも設備業者も私の紹介ではなく、Bさん自身が連れてきて、不必要なほど大きな厨房を作らせていました。ダクト1つとっても、不必要に大きな物が設置されました。これでは吸引が強すぎてお店のドアが開かなくなります。

さすがに私が業者に「これはぼったくりだろう」と注意すると、「オーナーの指示ですので」と相手にされません。

オープンすると、お店自体は繁盛して順調に売上を上げたのですが、**初期投資が大きくなりすぎたために、なかなか投資額を回収できていません**。ですから、投資としては決して成功例とは言えません。

CASE 3 脱サラした人の例

Cさん（35歳・男性）、自己資金：600万円、借入額：500万円

Cさんは30代の元会社員で、資金は約600万円でした。相談に来た時点で会社を辞めていて、ラーメン店をやりたいとのことでした。いわゆる脱サラでの開業です。とにかく予算が限られていますし、収入が途絶えていましたので、この600万円ですべて準備しました。

埼玉県内にちょうど良い**居抜き物件**を見つけました。シンクと冷蔵庫もそのまま使える状態で引き継げました。規模としては14席の店舗です。ただ、なにしろ背水の陣ですから、あとで運転資金が枯渇するなどの不安もありましたので、**政府系の融資**を受けることを提案しました。

融資を受けるための企画書と計画書は私が作成し、本人に申請してもらうと500万円が融資されました。今回は単なる投資ではなく、**本人が自らお店を切り盛りすることを望まれました**ので、店長や従業員の人件費はかかりません。開店すると月商250万円を売り上げましたので、ご本人の月収は80万〜100万円になりました。

結果的には政府からの融資は必要なかったのですが、口座に余剰金があるという安心感はあります。現在2店舗目の物件を探していますが、Cさんは職人気質の方なので、オーナーとして店舗を増やすよりも、しばらくはご自身で切り盛りしながら資金を貯めていけばいいかなと思っています。ただ、ご本人はなかなかの野心家で、ゆくゆくは10店舗くらいに増やしたいと言っています。

CASE 4
3代続いた秘伝の味を瞬時に再現

Dさん（48歳・男性）、自己資金：2000万円、借入額：2000万円（銀行融資）

そのお店は昭和9年（1934年）から3代続く佐賀県のちゃんぽん店でした。3代目のDさんは、2号店と3号店を出したいと考えたのですが、お母さま（つまり先代の奥さま）が、**「伝統のスープの味は自分にしか作れないからダメだ」と多店舗展開を許さなかった**のです。
Dさんから「なんとかなりませんか？」と相談を受けました。そのこだわりのスープ作りを観察してみると、なるほど3日間も鍋で煮込むという時間のかけようだったのです。

しかし作り方は雑でした。しかも、仕上げに驚くほど大量のうま味調味料を加えたのです。私が実際に味見してみると、時間をかけた割には特別においしいということもありませんでした。ただ、地元の人たちにとっては昔からのなじみ深い味なのです。

「どう？　この味は絶対に出せないからね」

お母さまは挑発的でした。確かに私どもは市販のうま味調味料は絶対に使いませんが、同じ味を出すことは難しくありません。そこで、スープの原液をお借りし、私が提携しているメーカーに持ち込みました。

そして科学的に成分検査を行い、３週間後にはメーカーが製造したスープを店に提供しました。ところがお母さまは、味見もせずに私とメーカーの人を追い返す構えです。とにかく店を増やすことに反対していたのです。

そこをなんとかなだめると、「まぁ、遠路はるばるやってきたんだから味見くらいしてあげるよ」と渋々、私どもの作ったスープを口にしたのです。

「ええっ？　同じ味だわ。いったいどうやって作ったのさ！」

さすがに**メーカーの味の再現力の高さに驚いた**のです。それでようやくＤさんは２号店と３号店を出すことができました。

このお店はちゃんぽん屋さんなのですが、カツ丼も有名でした。そのカツ丼にかけるタレがまた秘伝のタレで、醤油やザラメなどをまる1日かけて煮込んで作っていたのです。息子さんからこのタレも作れないだろうか、と相談されました。

「作れますよ」

私は再びタレをメーカーで分析してもらい、再現したメーカー製のタレを店に持ち込みました。

「なんであんたたちは簡単にこの味を出せるの？　私は何日もかけて作っているのよ」

お母さまはまるで魔法でも見せられたかのように驚かれていました。

「タレもお金はかかりますが、自分で時間と手間をかけて作るよりも安いでしょ」

結局、カツ丼のタレも各店舗でメーカー製を使うことになりました。ただ、こちらのお店ではコンサルティングまでは依頼されませんでした。交通費も含めるとちょっと高額になり出せないということで、スープとカツ丼のタレを提供するにとどまっています。

ただ、**スープとタレをメーカー製にしたことで、Dさんが念願だった多店舗展開は実現できました。**

CASE 5

コンサルできずに失敗したのれん分け

Eさん（38歳・男性）、自己資金：500万円、借入額：不明

料理人の世界では、今でも下積みの修業を何年も行わなければ一人前として認められないという習慣が残っているところもあります。中には何年修業しようとも独立させてくれないお店もあります。

Eさんは、自分のラーメン店を開業するために思い切って脱サラし、あるラーメン店で修業中でした。私と出会ったときは、すでに2年間ほど修業として働いていましたが、一向に独立させてくれそうな気配がないとぼやいていました。

そのお店は私が出入りしていたお店で、オーナーとは知り合いでした。ただし、業界仲間として知り合いでしたが、**そのお店は私がコンサルしたわけではありませんし、私のスープを提供していたわけでもありませんでした。**ただ、何度も訪れる私の噂を、その男性は聞いていたそうです。

——あの人に言えば、どんなラーメン店の味も再現できるらしいよ。

それで私に「オーナーには内緒で相談に乗ってほしい」と言ってきたのです。ただ、私

はオーナーとの関係もありましたので、私がEさんにコンサルして開業させるわけにはいきませんでした。

ただし、一度今のお店を辞めて、1年以上してほとぼりが冷めたところで改めて私がコンサルするのであれば、オーナーに義理を欠くことにはならないだろう、と提案しました。

しかし、その男性は、すぐにでも開業したいと言います。

それならば、今修業しているお店からのれん分けしてもらう形でお店を出す方法になると伝えました。ただし、その場合は私はオーナーとの人間関係があるからコンサルティングもできないし、スープも卸せないよ、と釘を刺しておきました。

私がオーナーに尋ねると、やはり辞められると人手が足りなくて困ると言います。しかし、Eさんは、**どうしてもすぐに独立したいという思いが強く、なんとかのれん分けということで2号店を任されました。**

結局、そのお店は経営がうまくいかずにすぐにたたむことになります。これは、私がコンサルティングできなかったことでお店の運営がうまくいかなかったという残念な例でした。

CASE 6

建築業者にカモにされて失敗

F社、自己資金：3000万円、借入額：0円

次も残念な例です。ある不動産会社F社から、トレーラーハウスを使ってラーメン店を出したいとの相談がありました。トレーラーハウスであれば、売れなくなったら別の場所に簡単に移動できるという発想です。

私としても面白い試みだと思いましたので、相談を受けることにしました。ところが設計会社についてはF社から建築会社が指定されたのです。私は**ラーメン店に詳しくて慣れている設計会社を使うべきだと主張したのですが、受け入れられませんでした。**

私はこの時点で、この計画はうまくいかないのではないかと予想します。そして実際に設計が始まると、この建築会社は飲食店の設計についてもトレーラーハウスの活用についても素人でした。

そこで私から意見を出したのですが、まったく聞き入れられません。私は配管も空調も、いつでもすぐに移動できる構造を主張したのですが、まったく無視されました。それどころか、この建築会社は事もあろうに2台のトレーラーハウスを並列にしてつなげてしまいました。その上、壁紙も床板も2台が分離できないようにつなげてしまったのです。しかも、給水と排水の設備も床を貫通させて真下に構築してしまい、トレーラーハウスを地面に固定してしまったのです。

エアコンの室外機も車体に取り付けずに地面に設置してしまいました。もはや、このトレーラーハウスを移動させることはできません。私は工事の途中でもクレームを付けたのですが、その建築業者は「いいんだよこれで。オーナーは何も言わないんだから。俺たちの言う通りにやっていればいいんだ」と言います。

しばらく私と建築業者はもめたのですが、結局建築会社の意向通りに工事は完成しました。しかも、トレーラーハウスを使っていながら、**3000万円ほどの改装費がかかりました。これでは新築の店舗が建てられます。**

明らかに、建築会社が儲けるための設計だったのです。つまり、このF社は建築会社のカモにされたわけです。また、水回りの配管をわざと固定式にしたり、空調設備も車載型にしなかったのは、もし移動することがあれば、再び工事費で稼げるようにという魂胆だったことも見え透いていました。

このあと、オーナーから従業員集めなどの相談を受けましたが、私はこの案件から降ろさせてもらいました。私の意見を聞かなかった店は、絶対にうまくいかないと分かっていたためです。

結局、この店はオープンすらできませんでした。移動することもできず、借り手も付かず、今でもその場所にトレーラーハウスがむなしく置かれたままになっています。移動式のラーメン店をオープンできれば、面白い実績になったのですが，非常に残念な結果となりました。

CASE 7 自分たちは成功。しかし他が全滅

G社、自己資金：1500万円、借入額：0円

失敗の話が続きますが、ぜひ反面教師にしてください。私自身、様々な経験を積むことで、失敗しないプロデューサーとなっているのです。

北海道の札幌市に、横浜のラーメン博物館のような施設を作るという話でした。そこに「豚骨一燈」を出店してほしいというのです。豚骨一燈は食べログ1位のラーメン店「麺屋一燈」のブランドの1つですから、箔《はく》が付くということです。

ところが「豚骨一燈」の社長は私に、代わりに話を進めてほしいと依頼してきました。札幌版のラーメン博物館ともいうべきこの施設は、同市内の不動産会社G社が企画開発したものです。私は出店に当たり条件を付けました。3階建ての施設でしたが、1階でなければ出店しないと言ったのです。各階に3～4店舗出店するスペースがありましたが、2階や3階にお客さまが来るとは思えなかったのです。

先方としても、「豚骨一燈」はどうしても出店してほしいブランドでしたので、1階入り口付近の最も集客しやすい場所に出店が決まりました。

すると予想通り、新聞社などが取材に来ましたが、常に掲載されるのは「豚骨一燈」ばかりです。そして売上も予想通りで、「豚骨一燈」と他にもう1店までが黒字で、あとは軒並み赤字です。

結局この施設は1年後に閉鎖されました。**コンセプトが悪かった、という以前にコンセプトがなかった。**横浜のラーメン博物館は、施設に入るとそこには昭和初期の町が再現されていて、お客さまはタイムスリップしたかのような非日常的な時間を過ごせるという面白みがありました。また、大道芸人が芸を披露するなどイベントも工夫されているのです。

ところが札幌の施設は、ただビルを建ててラーメン店を集めただけという雑な作りでした。その結果、有名な「豚骨一燈」に食べに来るだけの施設となり、まったく面白くありません。そのため、全体としてはまったく収益を得られなかったのです。

CASE 8 独自の食文化圏では地元の人に任せる

Hさん（42歳・男性）、自己資金：800万円、借入額：300万円

沖縄はソーキそばの文化があり、ラーメンを食べる習慣がありません。また、外食の価格帯の相場も本土よりも安いため、**ラーメンは値段が高すぎる**のです。そのため、これまでにも本土から、何店ものラーメン店が沖縄に進出したのですが、そのほとんどがすぐに撤退しています。ただし、これら先達の努力により、最近では若い世代がラーメンを食べるようになってきました。

そのような難しさがある土地ですが、あるとき沖縄のHさんからラーメン店を開きたいと相談をされました。ちょうど、私の会社の元従業員が1年前に退職して故郷の沖縄に帰っていたので、彼に電話して聞いてみたのです。

「沖縄でラーメン店を開きたいという人がいるんだけれども、どう思う？」

「いやぁ、沖縄の人はラーメンを食べませんよ」

とにべもない返事。

しかし、依頼人はどうしても開業したいと言います。すると良い案が浮かびました。ちょうど元従業員の彼は現在無職だといいます。

「君、地元だから沖縄の人が食べてくれそうなラーメンが分かるよね」

「分かりますよ」

「やってみる？」

「面白そうですね、いいですよ」

話が決まりました。

依頼人とも話がスムーズに進み、沖縄に出店するラーメン店は、私の会社の元従業員が切り盛りすることになりました。お店のコンセプトと内装デザインは私がコンサルティングしました。また、スープと麺も私が提携するメーカーで製造して送っています。

ただ、味付けは元従業員に任せました。**沖縄で食べてもらえる味付けは、やはり地元の人に任せたほうが間違いありませんから。**そして今でも、その味でお店は営業を続けています。

実は、沖縄でラーメン店を出店する際は、味よりも値段が重要だといいます。**沖縄で働く人たちの収入の相場に合わせて、ラーメンの値段も低めに設定**しないと食べてもらえないのです。それと、**チャーシューは驚くほど大きく**しないといけません。

この例は、多くの店が軒並み撤退していることを考えると成功例ですが、利益率の低さで言えば、私としては成功したとは言いがたい実績となりました。ただ、沖縄は独特の食文化と独自の相場観があるので、それらに精通した地元の人に任せたことで営業を続けることができています。

4 フランチャイザーはいきなり100店舗に増やせることもある

8タイプの事例を紹介しましたが、いずれもまだ始めたばかりの例です。このような人たちが、フランチャイザーとして順調に発展できれば、ゆくゆくは100店舗展開も決して夢ではありません。

たとえば私がプロデュースした例に、都内を中心に拡大している家系ラーメン店があります。現在は契約期間が切れたので、私は関わっていませんが、このお店は数年かけて私がコンサルティングし、現在は直営76店舗、ライセンス10店舗にまで展開しています（2019年7月現在）。

100店舗のオーナーとは夢のようですが、最初の**1店舗が軌道に乗れば、2店舗目以降は1店舗目の経験が生かされるので加速**します。**3店舗持つとリスク分散されます**ので、**4店舗以降はひたすら収益が倍増**していく仕組みです。

店舗を増やすコツは、プロデューサーに任せてしまうことです。実に簡単なコツです。逆に、我流で増やそうとすると、途端に飲食店業の難しさに直面してしまい、しなくてもいい試行錯誤で苦労することになります。

5 海外からあなたの店に引き合いが来たら？

日本のラーメンは海外でも高い人気を誇っています。そのため、あなたのお店に海外進出の引き合いがあるかもしれません。しかし、海外からの引き合いがあったときには注意が必要です。

私がプロデュースしたお店では、自ら海外進出したお店はありません。まえがきで紹介した通り、看板の使用権を売ってロイヤリティーを得るというやり方だけです。

なぜ、自ら海外進出しないのか。

まず、同じ味を出すために**国内のメーカーで作ったスープを海外に持ち込めないという事情**があります。タイやフィリピンはほとんど問題はありませんが、アメリカや中国などは**輸出規制**により持ち込めません。スープの材料に豚が使用されているためです。この場合は、現地のメーカーにレシピを渡して作ってもらうしかありません。

一方、持ち込めるタイやフィリピンですが、今度は関税が高くて現実的ではありません。したがって、これらの国でも現地のメーカーを頼らざるを得ないのです。

そしてもう1つの問題があります。

タイや中国の現地メーカーで生産できたとしても、**物流が信頼できません**。つまり、格安で正確に毎日材料をお店に配給することが困難なのです。

そしてもう1つの問題として、国によっては**政府に日本円にして約600万円以上のお金を渡さないと現地で法人を作れない場合もあります**。アメリカではなんだかんだで20

00万円ほど必要になります。中国は500万円ほどですが、現地の売上を日本に持ち込めません。

これくらい海外進出のハードルは高いのです。

それでも海外進出したいということであれば、各国でのノウハウは分かっているのでサポートすることは可能です。ただ、できれば**自らが進出するのではなく、現地の人たちにお店を出させたほうが合理的**です。

先にお話しした例のように、レシピを教えて、**看板の使用料と継続的なロイヤリティーをいただく**。

私の周りでも、海外から引き合いがあって進出していったラーメン店がたくさんありますが、皆、いいように身ぐるみ剥がされて失敗しています。しかし、日本のラーメンは人気が高いですし実際においしい。ですから、海外に日本のラーメン店は増えていくでしょう。

なにしろ欧米では、日本で800円前後で出されているラーメンが3000円くらいに化けるのです。これはおいしいビジネスですよね。しかし、その進出の際にはよくよく慎重に事を運ぶ必要があります。

第6章

第6章まとめ

- ラーメン店のオーナーになって、店舗数が2倍、3倍と増えていけば不労所得も2倍、3倍と増えていく。
- 3店舗以上持つことで、投資のリスク分散ができる。
- 会社員でも経営者でも、あるいは脱サラでもラーメン店投資はできる。
- 自らフランチャイザーになれば、100店舗を持つことも夢ではない。
- 自ら海外進出をするより、現地の人に任せたほうがよい。

第7章

なぜ、有名人のお店はつぶれるのか？

1 なぜ、元プロスポーツ選手のラーメン店はつぶれたのか？

ラーメン店を繁盛させるのは簡単です。プロに任せればよいのです。しかし、芸能人やスポーツ選手が、自らの知名度を当てにして安易にラーメン店やカレー店を開業してしまう例が多くあります。資金力もあるため、最初から華やかな開業デビューをする人たちも多くいます。

確かに、一般人がラーメン店を始めるよりも、有名人が始めれば話題性もあり宣伝効果も高いでしょう。ファンなら、一度は来店してくれると思います。しかし、せっかく知名度によって集客できても、そのお客さまたちがリピーターになってくれたり、インフルエンサーとして評判を拡散してくれなければ、その知名度の魔法は瞬時に解けてしまいます。

なぜなら、有名人のラーメン店やカレー店などでは、各飲食店経営の基本を押さえていない素人経営が行われているためです。ラーメン店では4年間で3店舗もつぶしてしまった元プロスポーツ選手の例があります。

彼は現役引退後にラーメン店をオープンしました。ラーメン店の新人王をとるという意気込みで自信を持って開業したのです。

確かに彼の知名度はブランドとなり、話題性やファンの支持により2年後には店舗を増やせるほど勢いがありました。そして3店舗まで増やしたのですが、1号店開業後4年目にして一気に全店舗を閉店してしまったのです。

このことを取り上げたテレビ番組によれば、**ラーメン店経営の失敗は「場所選び」「オープン準備」「接客」の3つ**だといいます。しかし別の番組では、実際に彼のお店で試食したラーメン評論家たちが、閉店することを別の理由で予想していました。

ラーメンの**スープがぬるすぎる**というのです。しかし、私は他の理由もあったと想像しています。それは、実際に彼のお店を利用した知人から次のような話を聞いていたためです。

それは、**従業員がお客さまに背を向けている**こと、**食べるたびに味が変わっている**こと、**店長が頑固者で人の話を聞かない**ことです。つまり、彼の**従業員教育にも問題があった**のです。

以上の他にも経営上の問題がありました。**店舗の設備を、ラーメン店については素人の業者に任せてしまったら**しいことです。たとえば、彼の店舗の換気扇は家庭用程度の性能

第7章

だったようです。そのため、店内に厨房や料理の熱がこもり、夏はエアコンを使っても効果がなかったそうです。

これは、ラーメン店の熱量設計ができない業者に任せた結果でしょう。あるいは、業者の計画をきちんと判断できる専門家がいなかったことが原因です。ラーメン店の換気は微妙で、弱すぎると熱がこもってしまいますし、強すぎると吸気力が強すぎてドアの開閉に支障が出てしまいます。また、このような業者を使ったということは、費用も多めにかかっている可能性があります。

居抜き物件の場合は、内装も機材も直せば使える部分は直して使うことで安く上げることができます。ところが、発注者が素人だと、足元を見る業者はすべて新品に交換することで稼ごうとするのです。確かにラーメン店投資は簡単なのですが、それはあくまで専門のプロデューサーに任せた場合です。簡単だろうと高をくくって業者任せにしてしまうと、散々な結果に終わってしまいます。

2 ラーメン店を出すときは「庶民感覚」が結構大事

また、有名人の方が忘れてしまっているのが**庶民感覚**です。ラーメン店は庶民のお店ですから、必要以上に豪華な店舗や内装は不要です。不動産経営者Bさんの例（126ページ参照）でも紹介しましたが、**ラーメン店を豪華にしても、初期投資額がかさみすぎて回収に時間がかかってしまいます**。

確かに、清潔感や明るさは必要ですから、そのための内装修復は必要です。しかし、必要以上の豪華さは問題です。超豪華なラーメン店にすれば、話題性はありますが、そのために高めのラーメンを食べに来てくれるお客さまがいるとも思えません。高級感を味わいたければ、その方面で優れたレストランはいくらでもありますから。

むしろ、私はラーメン店は少し汚いくらいでもよいと思っています。わざわざ汚くする必要はありませんが、古くてもリピーターが多いラーメン店は多くあります。大切なのは、気軽に入れるお店であることです。そのためにも庶民感覚を忘れてはいけません。

3　数人で1店舗に投資すると必ずけんかする

商社の会社員の2人が共同でラーメン店投資をして成功した例（125〜126ページ参照）を紹介しましたが、この例は少数派です。というのも、**2人以上で1つの店舗に投資すると、うまくいかないことのほうが多い**ためです。

特に事情がない限りは、1人で投資したほうがうがよいでしょう。2人以上で投資するとうまくいかない理由は、**出資した割合と取り分が見合わない**ことや**経営方針の食い違い**によるものがほとんどです。投資を始めた当初は、専門のプロデューサーである私にお任せなのでもめないのですが、1店舗目が成功すると、2店舗目以降でだんだん各人が自分の意見を主張するようになってきます。その結果、もめてしまうのです。

たとえば途中から人数が増えた例があります。不動産経営者Yさんのお店ですが、初期投資の回収に時間はかかったものの、経営自体は私にお任せいただいていたので、4店舗まで順調に増やしていきました。

ところがこの4店舗目でYさんの息子さんも投資に加わってきたのです。すると、息子さんは自分たち親子で経営できるから、もう私のコンサルティングは必要ないと言いました。一応、**我流でやると危ない**ですよ、とは忠告したのですが、まったく問題ない、と譲りませんでしたので、「それではお好きなようにどうぞ」と手を引きました。

すると、すぐさま**売上が激減し店長や従業員も辞めてしまい、立て直しが不可能な状態**になってしまいました。財務状態から料理の品質、サービスの状況などをきちんとチェックできなかったために、料理もサービスも雑になってしまい、お客さまが離れてしまったのです。

このことがあってから、私はプロデュース契約をする際には、親族の方も含めて途中から参加してこないかどうかを確認するようになりました。

4　売上と材料費の相関関係はない

店長のこだわりが強いラーメン店が話題になることがあります。特定の産地の厳選された材料しか使わない、秘伝のタレを使い足している、惜しみなく時間をかけてスープを作っているなどです。このような作り方をしていれば、当然原価が高くつきます。

これが高級フレンチや料亭なら、売り値を高くすれば、利益率を維持できます。しかし、ラーメンの場合は、原材料が良いからとか、手間暇をかけているからといって、一般的な相場が７００～８００円のラーメンを１２００円にすることは難しいでしょう。

実際、高めの値段のラーメン店もありますが、なかなか気軽に入れませんし、リピートすることが難しくなります。ラーメンの場合は相場があるため、そこから極端に高くすることは困難です。

大体７００円や８００円前後で売っても、利益が確保できるようにしておかなければなりません。ところが最近困っているのは、この値段では牛丼より高いと言われることです。ラーメンとフレンチを比較する人はいませんが、牛丼と比較する人はいます。調理法も材料も異なりますから、比較しないでほしいというのが本音です。

もっとも、比較した結果、それならばラーメンを食べないかというと、やはり食べます。それは、牛丼より高いけれども、ラーメン店一般の相場からは乖離《かいり》していないと判断されるからでしょうね。やはり何事も相場観は大切です。

5 ラーメン店はうまいだけではやらない

ラーメン店に限らず、飲食店はうまければ儲かると勘違いしている人が多くいます。いくらおいしいラーメンを作っていても、それを食べて気付いてくれる人がいなければ意味がありません。ですから、お客さまが来ない立地や、入りにくいお店の雰囲気があっては、知る人ぞ知る一部のマニアだけのお店になってしまいます。

また、おいしくてもそれに不釣り合いな値段が付いていれば、やはり食べてもらえません。**お店がはやるためには、立地条件の良さ、店舗の造りや内装デザインなど、味以外の要素が左右します。さらに大切なのが、接客態度**ですから、従業員教育も重要です。

第7章

しかし、これらの条件を投資家の方々が自分で勉強しながら対応するのは困難です。ですから、本書で繰り返しているように、やはり専門家に任せるのがお店をはやらせる最短距離です。

6 売上が下がってきたら看板ごと変えてみる

売上が下がってきたら看板を変えてみる。これはご自身のお店でも、新たに投資する際にも使える方法です。

お店の売上が下がってきた場合でも、ご自身で何かをする必要はありません。ラーメンプロデューサーに相談すれば、売上が下がってきた理由に基づいて看板の変更と同時に、メニューの見直しも手配します。

さて、もう1つの場合です。これは新たに投資を始めるに当たり、つぶれたラーメン店を買い取って再生させる場合です。**一度つぶれた店舗でも、看板とメニューを変えれば、お客さまからはまったく新しいお店として認知されますので、十分に繁盛店として再生す**

ることができます。この場合は、店舗も中の機材も利用できますから、かなり低い初期投資でラーメン店を始めることができます。

7 ラーメン店に向いている不動産、向いていない不動産

よく、ご自身が保有している不動産を有効活用したいということで、ラーメン店投資の相談に来られる方がいます。このときは、その**土地の広さや立地がラーメン店に向いているかどうかを調査**します。

もし、ラーメン店に向いている土地であれば、そのまま投資のお話を進めることになりますが、向いていない場合でも、頭ごなしにやめておきましょうとは言いません。その代わりに、この土地で始めると月商いくらにしかなりませんよ、と数字を提示し、その上で投資の判断をしていただくことにしています。

どうしてもご自身で空いている土地を保有していると、もったいないので活用したくなります。有効活用できれば問題ないのですが、その土地に何が向いているのかは冷静に判

断しなければなりません。

たとえば、その土地がコインパーキングに向いているということであれば、無理にラーメン店にせずに、コインパーキングにしたほうがよいでしょう。それでもどうしてもラーメン店投資をしたいのであれば、ご自身の土地はコインパーキングとして活用し、ラーメン店のためには他に土地を探したほうが賢明です。

交通手段が車しかない場所で、面積が狭いので、1階を駐車スペースに、2階をラーメン店にせざるを得ないような立地はラーメン店には向いていない可能性があります。たとえば、オフィス街でしたら土・日はお客さまが来ません。住宅街は平日のランチタイムはお客さまが来ますが、平日の夜と土・日はお客さまが来ません。

ですから、できれば**オフィス街と住宅街が混ざっているようなエリアが理想的**です。また、駅前ならば儲かるというものでもありません。土地が高いため席数が少なくなりますから、売上以上に家賃の高さで逼迫《ひっぱく》してしまう可能性があるためです。逆に路地裏のほうが儲かる場合もあります。

公共の交通手段がない地方であれば、駐車場を広く用意できる土地がよいでしょう。

第7章まとめ

・有名人のラーメン店がつぶれるのは、素人が経営に口を出すから。
・ラーメン店は庶民のお店であることを忘れてはいけない。
・ラーメン店投資は1人で行うべし。複数人で行うと、取り分や経営方針でもめることになる。
・材料や味にこだわっても高く売れるわけではない。相場の価格で十分な利益を確保すること。
・飲食店はうまければ儲かるという先入観を捨てること。
・売上回復のために看板とメニューを変えるときは、必ず売上が下がった原因を確認すること。
・自分の所有地でも、ラーメン店に向いていなければ他の土地を借りること。

第8章

私が4000店のラーメン店をプロデュースするまで

1 岡山のお坊ちゃん、いきなり借金200億円を背負う

いよいよ最後の章になりましたが、ここからは様々な境遇にあるであろう読者の皆さんに、少しでも前向きな人生を送っていただきたいため、恥ずかしながら私がラーメンに関わった経緯についてお話しさせていただきます。

ですから、読者の皆さんには、必ずしもラーメンにこだわらなくても構わないので、ご自身がより楽しく充実した生き方をするために何をすべきかを、考えるきっかけになればうれしいです。

私は1969年に神奈川県で生まれました。父はゴルフ場の経営者として全国を転々としていました。そのため、私も度重なる転校でなかなか友達ができず、引っ込み思案の子どもになっていたのです。

当然、授業にもついていけず、成績も芳しくありませんでした。それでもなんとか私立の日本大学藤沢高校に入学できましたが、入学時の成績は610人中603位という、崖っぷちの成績です。

さすがにこれではまずいと思い猛勉強したところ、卒業時には23位になるという我ながらあっぱれな成績までに伸びました。ところが大学受験では志望校に不合格となり、浪人生活を経験しています。

そのころからです。私は父のゴルフ場で芝刈りなどの手伝いをするようになりました。当時はまったく、経営には関わっていませんでした。ところが、私が27歳のときに父が肝臓がんで発見後わずか3カ月で急死してしまったのです。生前、死期を悟った父は私を病室に呼び出し、封筒を渡しました。渡された封筒には、実印が押印され署名された白紙の委任状が10枚ほど入っていました。この10日後に父は亡くなっています。

こうして、私は自分の意思に関係なく父の会社を引き継ぐことになったのです。引き継いだ会社は名門「明日香カントリー倶楽部」でした。

さて、芝刈りくらいでしか関わりのなかった会社の社長になってしまったわけですが、とにかく経営のことは何も分かりませんから、顧問の会計士さんに助言を求めました。すると、驚いたことに会員の預託金が80億円、銀行からの借入金が90億円、地元のノンバンクからの借り入れが30億円あったのです。

それ以外にも借り入れがあり、トータルで約200億円の赤字経営であることが判明しました。27歳にして、もう、人生は終わったと感じたものです。

2 詐欺師、泥棒呼ばわりされて発奮！

それでも何か行動しなければなりません。もはや小手先のごまかしではどうにもならない事態です。そこで700名のゴルフ会員の方々を招いて緊急報告会を開き、正直に経営状態について伝えました。このころの私はどこかで、正直であればなんとか収まると思っていたのです。

ところが、会場からは罵声が飛び交いました。「だまされた！」「詐欺師！」「泥棒！」などの声が上がったのです。時間にしたら数十分くらいだったのですが、私としては、数時間にも感じられました。

一時は会場が騒然となりましたが、しばらくすると叫んでも事態は良くならないと思われたのか、大口の会員さんのなだめる声でようやく静まります。

このとき、私は自分でも驚く決意を表明します。

「私がこのゴルフ場を立て直します！」

私の中では、父は詐欺師ではないし、そんなつもりで経営してきたのではないという気持ちが湧き起こってきたのです。そして、自分でもまったく思いもしなかったような言葉を発してしまいました。しばらくすると、会場から声がかかります。

「よく言った。頑張れよ！」

3 ラーメン店を開業する

会員の皆さんの前で思わず大見えを切ってしまった私ですが、なんら勝算はありません。会社のスタッフにも正直に経営状態をお話しし、「来月の給料も払えるかどうか分かりません。辞めたい方はお引き留めしません」と伝えました。

しかし、翌日も全員が出社してきました。その光景を見た私は、本当になんとかしなければならない、と覚悟を決めます。すると、奇跡的なことが起こります。

破産寸前にまで追い詰められていたのですが、いろいろな事情が重なり続けた結果、裁判所の判断で借金が帳消しになったのです。

ここでは詳細は記しませんが、意図せず偶然が重なって法の抜け道を通ってしまったわけです。幸運なことに、これでゴルフ場の経営がいったんリセットされました。

しかし、世の中が不景気になり、全国的にゴルフ場は冬の時代に入ります。結局、ゴルフ場の経営が芳しくないまま私は36歳になります。

会員の皆さんも60代になっていました。その人たちが、私に言いました。

「君はまだ若いのだから、好きに生きればいい。私たちも十分楽しませてもらったのだから」

そのように背中を押されることで、ようやく私はゴルフ場の経営から手を引くことになります。

第二の仕事として選んだのがラーメン店の経営でした。実はゴルフ場のレストランでスタッフとして働いていたことがあり、ラーメンが断トツの人気メニューであることが気になっていたのです。レストランで働きながら、ラーメンスープの研究もしていました。そして間もなくオリジナルのスープを作ることにも成功していました。

――東京でラーメン店を開こう。

そう決めて、居抜き物件を見つけると、1軒のラーメン店を開業したのです。

4 新しいビジネスモデルの誕生

父の残したゴルフ場の経営から解放されて、まだ体力も気力も充実していた私は、がむしゃらに働いてラーメン店を15店舗にまで広げていきました。とにかく狂ったように働いたのです。自分が作ったラーメンが評判になり、お客さまが増えるという手応えが面白かったのです。

そのころ、私はすでに結婚していたのですが、あまりにラーメン店の切り盛りにのめり込んでいたため、まったく家庭を顧みませんでした。その結果、離婚することになってしまったのです。しかも、それまでの激務がたたったのか、体調を崩してしまいました。

これが私の第二の転機となります。

激務の結果が離婚と病ということで、すっかり意気消沈して労働意欲をなくした私は、すべてのお店を各店長に譲ることにしました。私が勝手に譲るのだから、ただで譲りました。各店長は驚きましたが、皆さんいずれは自分のお店を持って独立したいと考えていたでしょうから、これはチャンスだと考えたでしょう。

ただし、お店はただで譲るから、私が開発した麺とスープを私から買ってほしいと持ちかけました。やはり自分が育て上げた麺とスープには愛着がありましたから。より厳密に言えば、私が製造を委託していたメーカーから買ってほしいということです。私はそのメーカーから紹介料として麺とスープの売上の一定割合を受け取ることにしたのです。

すると、思っていたよりもお金が入ってきました。1店舗当たり月に8万〜10万円の収益があったのです。つまり、まったく働かなくなったにもかかわらず、毎月120万〜150万円の不労所得が生じたのです。

――これはおいしい！

意気消沈してすべてを放り出した結果、新しいビジネスモデルを発見したわけです。

同時に、もう1つの現象が起きました。

私がラーメン店の経営をやめたことが方々に伝わり、他のラーメン店から「手を貸してくれないか」と声がかかり始めたのです。これが、ラーメン店のコンサルティングを始めるきっかけになりました。

5　ラーメン作りのためならどこへでも

このようにして私は、ラーメンプロデューサーとして皆さんのラーメン店が繁盛するためのコンサルティングと、ラーメン店のオーナーになりたい、投資したいという方々を成功させることを自分のライフワークとすることにしました。

一度は投げ出したラーメンへの情熱を別の形で取り戻したのです。ですから、繁盛するラーメン店を作るためなら、日本全国どこへでも飛んでいきます。しかも、かつては自分の成功のためにラーメンに情熱を注いでいましたが、今は違います。

私が繁盛するラーメン店を作ることで、多くの人においしいラーメンを食べていただけますし、多くの店長さんに独立のチャンスを与えることができます。そして投資家には大きなリターンをもたらし、地域には雇用も生み出せます。

大げさかもしれませんが、地域社会にも貢献できるのです。それだけではありません。ラーメンは今や世界に誇れる日本の代表的な食文化です。

つまり、ラーメンプロデューサーであることで、日本の食文化の振興にも役立つことができるのです。私はこのようにして、社会貢献と自分の収益を両立させることができたと考えています。

あとがき

●なぜ、今ラーメンなのか

本書をお読みいただき、ありがとうございました。

私が本書を世に出そうと考えたのは、自分が今までやってきたことを何かの形で残したかったという思いがあります。それは、**ラーメンを通じて、多くの人に人生を飛躍させる可能性があることを知ってほしい**という思いです。

ある人には投資家としての成功を、ある人には自分のお店を持ち実業家になりたいという希望を実現することを、そしてある人には店長として独立する夢が叶うことをお手伝いしたい。

しかもこれらのことは、**特別な経験や修業を積まなくてもできてしまう**ということを知っていただきたい。そのことを少しでも多くの人に伝えられれば、それは私にとって社会への恩返しとなるのではないか、と思っているのです。

しかも、タイミングも良いと判断しました。これから2020年の東京オリンピック・パラリンピックと、2025年の大阪万国博覧会が続きます。これを機会に、より多くの外国の方々が日本の文化に触れることになります。そのとき、すでに世界中で人気が出始めているラーメンも、日本の食文化として大いに注目されるでしょう。

ですから、今こそ、自分が持っている知識を広めておこうと考えたのです。

●日本のラーメン文化を世界に

世界に日本のラーメン文化を広めるために、現在進めているプロジェクトがあります。

本書でもすでに述べましたが、現在外国人観光客が参照しているWebサイトでは、興味を持ったラーメン店をクリックしても、ホームページがないか、あったとしても日本語でしか記載されていません。これでは外国人観光客にとっては、ちんぷんかんぷんです。

決して難しいことではありません。**おいしそうなラーメンの写真とアクセスマップ、そしてお店のこだわりが英語で書かれていればいいのです。**そのようなホームページがあるだけでも、外国人観光客にとってはずいぶんと助かります。また、外国から日本のラーメン店を自分の国でも開きたい、という引き合いも増えています。

しかし、個別に交渉してしまうと、本来のロイヤリティーの相場が分からないことや、自分のお店の海外での価値を知らないために、安く買いたたかれてしまう可能性があります。さらに、海外に出店する際には、国ごとに独自の商習慣・法律や貿易制約などがあり、うっかり出店して大きな損害を出してしまうリスクもあります。

そこで私は、**日本のラーメン文化を海外に正しく発信**するために、**「国際ラーメン協会」を設立**しました。「international ramen association」でドメインも取得済みです。

国際ラーメン協会は、**外国人観光客を増やしたいラーメン店へのコンサルティング**を行ったり、**外国人観光客にも分かりやすいホームページを制作**したりします。また、**海外からの引き合いの交渉窓口**となり、出店のための調査と企画、そしてロイヤリティーの交渉代行などに対応します。

このような業務を行うことで、日本のラーメン文化を世界に広げつつも、日本のラーメン店の利益を守ることができると考えているのです。特に、海外への出店にはリスクが伴います。出店したい人、あるいは海外から引き合いがあった人が自ら現地を視察しても、交通費に見合った調査を行うことは困難です。

また、実際に出店しても、**商習慣・法律の違い**や**貿易上の制約**などによって失敗することも多くあります。

しかし、国際ラーメン協会に相談していただければ、国ごとの事情に合わせた出店方法をコンサルティングできますし、ロイヤリティーも適切な相場観で交渉できます。また、現地で提携できる企業の紹介も可能です。

●フランチャイザーになるススメ

脱サラで、あるいは定年退職後のビジネスとして、コンビニエンスストアなどのフランチャイズに加盟するという発想を持っている人は多いと思います。

しかし、昨今のニュースでも明らかになってきているように、**フランチャイズに加盟したビジネスには厳しい現実が待っている**ようです。

会社員時代以上の労働量と、マネージャー・経営者としてのリスクを背負っているにもかかわらず、その利益は薄く、常にフル回転していなければお店が倒産してしまうというプレッシャーに耐え忍ぶ日々が待っています。

こんなはずではなかった――。

そのように後悔している人もいるでしょう。

なぜそのような状況に追い込まれてしまうのか。それは、フランチャイズへの加盟が、胴元を儲けさせるためのビジネスだからです。


一方、私がプロデュースする**ラーメン店投資は、皆さん自身が胴元であるフランチャイザーになる道**です。もちろん、ご自身が店長として切り盛りする道も選ぶことはできますが、投資家であるビジネスオーナーになれば、別に本業を持ちながらでも所得を得ることができるのです。

しかも、自分の店を持てますから、実業家でもあります。さらに、うまくいけば自分のお店の名前を冠したお店が海外でもオープンでき、ロイヤリティーが入る可能性もゼロではありません。

そんな夢のある投資です。

しかも自分のお店が繁盛することで、独立できる人が増え、地域に雇用が生まれ、たくさんの人の味覚を満足させておなかを満たすこともできる。このような社会貢献を実感できる投資が他にあるでしょうか。

本書が、投資を検討している方々の選択肢を増やすことに貢献できたとすれば、また、自分のお店を持つことに興味を持っていただけたとすれば、本書を著した者としてうれしい限りです。

皆さんの人生が、より実り多きものとなることを願ってやみません。

２０１９年９月

ラーメンプロデューサー
藏本　猛Jr

●著者プロフィール

藏本《くらもと》　猛《たけし》Jr《ジュニア》（Kuramoto Takeshi Jr）

ラーメンプロデューサー
国際ラーメン協会　代表（International Ramen Association CEO）

1969年神奈川県生まれ。

1989年、岡山県で父親がゴルフ場の建設工事に着手したことを機に、ゴルフ場のクラブハウスの建築に興味を持ち岡山県へ移住。

その後、父親の勧めでゴルフ業界の勉強を開始。修業のため、大手ゴルフ場で芝生管理からレストランのウエイター・皿洗い、マスター室業務、フロント業務など、ゴルフ場の全業務に2年間従事。

1996年、父親の急死によって、27歳で父親の経営するゴルフ場の社長に就任。芝刈りくらいでしか関わりのなかった状態から、突然200億円の負債を抱えることになる。多くの人に助けられながら、負債を帳消しにし、10年間の社長生活を終える。

その後、ゴルフ場で売れ行きの良かった「ラーメン」に注目し、ラーメン店開業を目標に試行錯誤が始まる。簡単でおいしい、誰でも作れるスープを開発し、スープメーカーからの製品化を果たす。

2010年に念願のラーメン店を東京に開業。その後、直営店を15店舗まで拡大した後、15店舗を無償で譲渡。

2014年にラーメンプロデューサーとしての活動を開始する。現在、毎月100件以上の依頼が殺到し、プロデュース実績は400店以上。

国内における出店場所設定、店舗コンセプト、店舗設計、ラーメン素材の決定、店舗オープンまでのすべてをワンストップでサポート活動を行うほか、海外においての出店、現地の紹介、契約交渉の段階からもサポート活動を行う。

2019年に国際ラーメン協会を設立。日本のラーメン文化を海外に発信している。

◆国際ラーメン協会　ホームページ
http://www.international-ramen-association.co.jp

◆お問い合わせ・講演依頼
info@international-ramen-association.co.jp

企画協力　株式会社天才工場　吉田　浩
編集協力　早川　愛、地蔵　重樹
組　　版　GALLAP
イラスト　Shima.
装　　幀　華本　達哉（aozora.tv）
校　　正　松井　修

誰も知らなかった
ラーメン店投資家になって成功する方法

2019 年 10 月 10 日　第 1 刷発行

著　者　藏本 猛 Jr
発行者　山中　洋二
発　行　合同フォレスト株式会社
郵便番号 101-0051
東京都千代田区神田神保町 1-44
電話 03（3291）5200　FAX 03（3294）3509
振替 00170-4-324578
ホームページ http://www.godo-forest.co.jp
発　売　合同出版株式会社
郵便番号 101-0051
東京都千代田区神田神保町 1-44
電話 03（3294）3506　FAX 03（3294）3509
印刷・製本　新灯印刷株式会社

ISBN 978-4-7726-6144-7　NDC 336　188×130